Diccionario Ilustrado

para FOREX

Inglés-Español

Especializado para personas
cuyo idioma original es el
español y participan en el
Mercado de monedas o Forex

Glosario

Para la selección de este glosario de términos hemos tenido en cuenta los siguientes criterios:

- Las principales palabras en inglés que aparecen en este libro.
- Algunas palabras que aunque no aparezcan en este libro serán de mucha utilidad cuando se estudien algunos de los libros que se recomiendan en el apéndice dedicado a la bibliografía.
- Palabras comunes que al aplicarlas al Forex adquieren un significado suigéneris.
- Se han evitado las definiciones sofisticadas en cambio se han usado palabras comunes y ejemplos para entender la esencia de cada significado, así como se ha obviado en ocasiones el estricto orden alfabético, por considerar de utilidad la cercanía de ciertas palabras que ayudan a entender algunos conceptos con más claridad.

A

Abreviation Abreviatura, manera de acortar una palabra sin perder el significado *p.e.* Doctor vs. Dr.

Absolute Término usado en las fórmulas matemáticas cuando solo se requiere el valor al margen del signo que presente.

Abs. Ver *Absolute*.

Accomplish Alcanzar o lograr algo.

Acronym Acrónimo, sigla, palabra compuesta de las primeras letras de un grupo de palabras, *p.e. United Nations Organization vs. ONU.*

Achieved   Ver *Accomplish.*

Add on   Añadir algo , cuando se está participando en el mercado quizá con una posición y los indicadores me señalan que continua en el mismo sentido   que es conveniente poner algún contrato extra y le añado alguno, se dice he hecho un *add on.*

ADX (Average Directional Index)   Es un indicador de tendencias desarrollado por *Welles Wilder.*

Aim   Aspirar a algún objetivo.

Alert   Alertar, poner sobre aviso, se usa ese término al referirse a las posibilidades de las plataformas para mandar avisos cuando suceda algo que nos de una pista para mejorar nuestras decisiones.

Alligator   Así llama Bill Williams a su grupo de *moving averages* de *5, 8 y 13* períodos, que el usa para establecer una estrategia en conjunción con unos osciladores. Ver el apéndice relativo a la bibliografía recomendada.

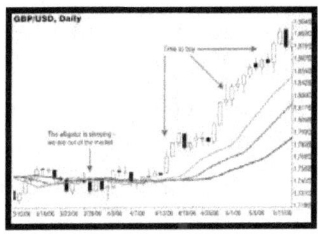

Amazing Asombroso.

Array Surtido, grupo de cosas, grupo de columnas y filas en una tabla, rango, serie, etc.

Ask Es el precio de venta que ofrece el banco es el precio a que comprará el *trader*.

Ask price Ver *Ask*

Algorithm Algoritmo, se refieren a las letras, signos y símbolos usados para expresar un problema básicamente matemático con la utilización de fórmulas.

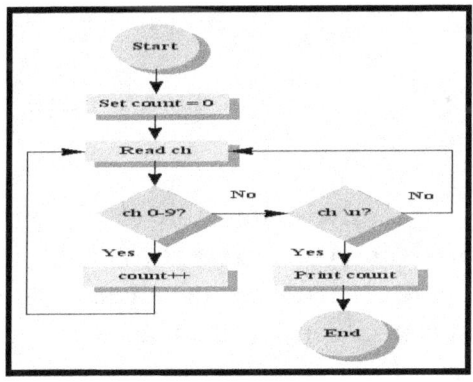

Appearance Apariencia, se usa cuando se refiere a lo que aparece en la pantalla de tu computadora, de cómo se debe distribuir, dar colores, dar énfasis, etc. a los aspectos que te ofrece la plataforma que se está usando.

AUD (Australian dollar) Dólar australiano.

Autodial Se dice de los teléfonos que con solo apretar un botón comunican de manera rápida e inequívoca un número pre-grabado, es muy útil en caso de emergencia y se necesita llamar al *brocker* sin pérdida de tiempo.

As far as Hasta donde yo. . ., en la medida en que. . .

Asset Activos. Pero en el *Forex* se conoce como el derecho de recibir de la contraparte una cantidad de moneda convertible en una fecha específica según un acuerdo previo.

Assesment Evaluación, valoración.

Average   Promedio, promediar.

Aware   Estar informado, consciente, darse cuenta de. . .

Awesome   Increible .Ver *amazing*.

Back test   La prueba hacia atrás con data pasada, generalmente se hace para probar y evaluar estrategias en períodos anteriores, de esa manera antes de usarlas se determina su eficiencia y veracidad, se realizan las modificaciones que sean necesarias con vistas a proyectarla hacia el futuro.

Back up   Dar marcha atrás, retroceder, en computación se usa para describir el hecho de almacenar en sitio seguro determinada información
p.e. salvarla en otro disco duro.

BBB (Better Bussines Bureau) Organización de *E.E.U.U.* Para archivar quejas de los consumidores, con vista a alertar sobre la calidad y confiabilidad de la entidad con la que están tratando.

Bear Oso, es el símbolo escogido por *Wall Street* para nombrar al mercado que disminuye sus precios, a la baja. Cuando el mercado tiene una tendencia a la baja o sea el precio disminuye paulatinamente, a ese mercado se le llama *bear market* y en general se recomienda entrar posiciones a favor de la dirección que trae el mercado. Lo contrario es Bull. Ver Bull.

Bear market   Ver *Bear*.

Bearish market Un mercado marcadamente a la baja.Ver *Bear*.

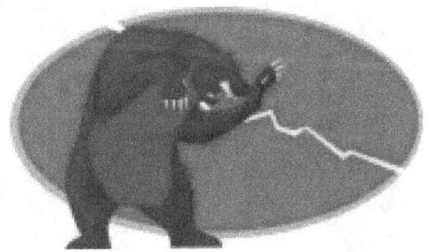

Be aware   Ver *aware*.

Behaivor   Comportamiento.

Beneath   Debajo de .. ..., abajo.

Beyond Mas allá de. . . .mas lejos que .

Bias Cuando se tiene una idea prejuiciada o predefinida sobre algo, precondicionamiento de criterios.

Bid price Es el precio de compra que ofrece el banco. Es el precio a que venderá el *trader*. Ver *trader*.

Billion En países anglos un billón es el equivalente a mil millones *1,000,000,000* y en países de habla hispana un billón equivale a un millón de millones *1,000,000,000,000*. Ver. Trillón

BITCOIN *in Capital letters* Cuando se escribe en mayúscula, se refiere a la Criptomoneda en si, como nombre propio.

Bitcoin *in Lowercase letters* Cuando se escribe con minúscula, se refiere a unidades de BITCOIN.

Bitcoin address   Es la información que hay que suministrar a cualquier persona o entidad, para realizar un pago con Bitcoins.

Bitcoin Investment Trust   Fondo de inversión financiero cuyos basados en la criptomoneda Bitcoin.

Bitcoin Market Potential Index (BMPI) Indicador de más de multiples variables, mas de 40, que clasifica a 178 países según su capacidad de aceptar Bitcoin como moneda.

Bitcoin maximalist   Persona fanática de bitcoin.

BITCOIN Mining   Mineria BITCOIN.
Es el proceso de aplicar los artificios y
trabajos matemáticos con computadoras
especializadas, para confirmar las
transacciones en la red Bitcoin
incrementar la seguridad. Los "mineros
Bitcoin" cobran regularmente costos de
transacción de las operaciones de entrada y
saliuda del mercado. Es un mercado
especializado y complejo y precisamente por su
complicación, la mayoría de los que entran en
el mercado de los Bitcoins no llegan a ser
mineros.

Bitcoin Whitepaper   Documento que
describe la tecnología Bitcoin en detalle y con
el quedaron establecidos los fundamentos de
ésta como método de pago. Fue escrito por
'Satoshi Nakamoto' y se publicó en 2008.

Board   Mural, pizarra de avisos, tablero de
anuncios, algo generalmente pegado a la
pared de la oficina donde se colocan los avisos
y recordatorios.

Body En el sistema gráfico de velas o *candles*, se conoce por body al cuerpo de la vela, esa porción limitada por el precio a que abre open y el precio a que cierra *close* de un período de tiempo.

Bolsa A pesar de ser un término en español, le mencionamos ya que es el nombre propio del lugar donde se cotizan las acciones *stocks* y muchas personas de diferentes países a pesar de no hablar español le conocen por este nombre. En idioma inglés se denomina *New York Stock Exchange (NYSE)* aunque es muy común referirse a ese sitio simplemente con el término de *Wall Street.*

Bollinger Band Técnica inventada por *John Bollinger* , que se basa en las curvas promedio del precio *moving averages* usados como canales y en la desviación estándar del precio en un período de tiempo.

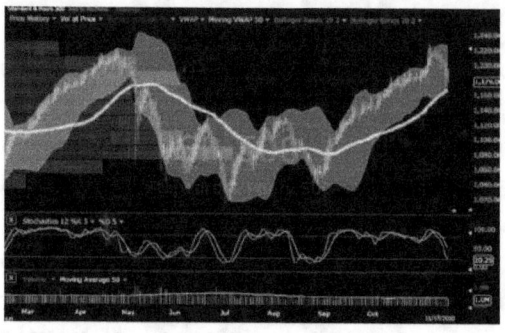

Bonds   Instrumentos financieros emitidos por el gobierno para obtener capital en base a una promesa de ganancias en un tiempo determinado.

Bonus   Cuando algo que adquirimos trae algo adicional en forma gratuita.

Bouncing   Rebote, el mercado llegó a una zona de soporte o de resistencia y pivoteó, cambió de dirección.

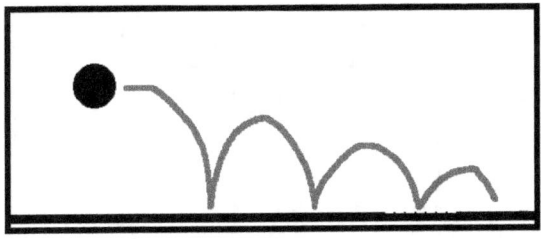

Bottom Fondo. En general se refiere a un nivel de soporte en el precio, cuando el mercado disminuye su precio hasta una zona donde rebota y comienza a recuperarse, se dice que llegó a un fondo o *bottom*. Es un soporte.

Bound Upper Límite superior a que se admite sea activada una orden con precio pre-fijado.

Bound lower Límite inferior a que se admite sea activada una orden con precio pre-fijado.

Box range Cuando un mercado se mueve de lado, se consolida, se enmarca entre dos líneas de tendencia *trendlines,* entre un soporte y una resistencia, se dice que el mercado está haciendo un canal, está enmarcado en un rango similar a un rectángulo , un *box range.*

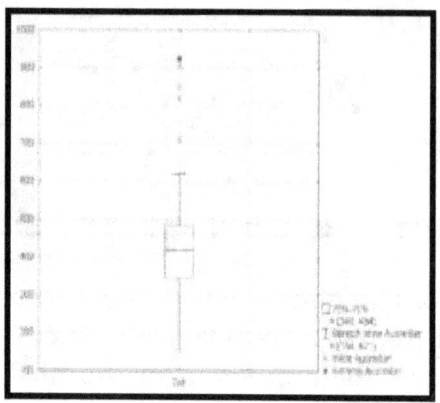

Box close La opción que seleccionaste mediante un *Box option* fue infructuosa. Ver *Box option*.

Box payment El costo o *ticket* que pagaste por una *Box option* que fue deducido de tu cuenta.

Box option Es un cuadrado que ofertan algunas plataformas que se inscribe en la gráfica Precio-Tiempo para hacer *Forex* con opciones. Este cuadrado se limita por un nivel máximo y otro mínimo dentro de un período de tiempo. Este cuadrado según se defina a la hora de abrir la posición actúa de límite y si es alcanzado en algún punto por el precio es *"hit"* y si no es alcanzado será *"miss"*. Se dice *"hit the box"* o *"miss the box"*. Desde que se adquiere se sabe su costo *ticket* y lo que ganaría si se cumple tu predicción *hit or miss the box*.

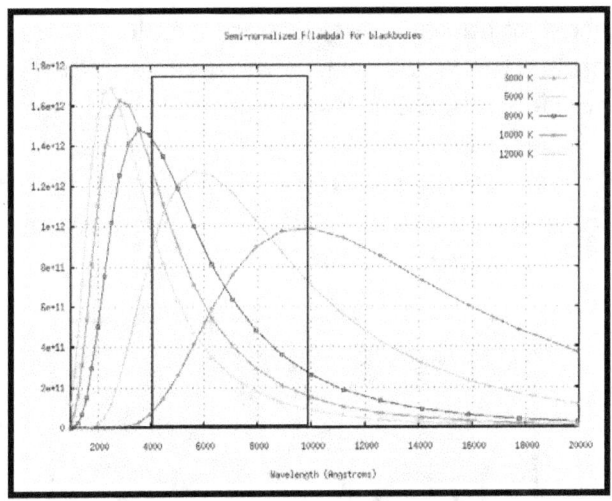

Semi-normalized F(lambda) for blackbodies

Bracket market Cuando el mercado se mueve entre dos fronteras definidas, las cuales se visualizan fácilmente con las líneas de tendencia *trendlines* , el precio sube rebota y baja , rebota nuevamente y sube y así sucesivamente.

Breakaway Cambio de dirección.

Breakeven Cuando un participante en el mercado de divisas, ni está ganando ni está perdiendo, está parejo.

Breakout Romper una inamovilidad, romper con un patrón y tomar un rumbo, p.e. un mercado que se mantiene en un canal , entre una zona de resistencia y otra de soporte , de momento el precio rompe con los límites y deja de estar en ese espacio enmarcado y toma un rumbo fuera de esos límites , se dice que ocurrió un breakout en el punto de ruptura.

British Pound (GBP) Moneda de la *Gran Bretaña,* conocida como Libra esterlina *sterling pound* o *cable* en inglés.

Brocker Corredor de valores, es el que permite hacer operaciones de compraventa de divisas directamente o a través de su plataforma creada al efecto para ser manejada por el usuario vía *Internet.*

Brockerage Acción que realiza el corredor o *brocker.* Ver *brocker.*

Bull   Toro. Es el símbolo que *Wall Street* escogió para representar el mercado alcista. Cuando un mercado sube sistemáticamente de precio se dice que el mercado es *bull*. En ese caso se recomienda entrar al mercado comprando hacia arriba *long*. Lo contrario es *Bear*. Ver *Bear*.

Bull market   Mercado con precios ascendentes.   Ver *Bull*.

Bullish market Cuando el mercado está ascendiendo consecuentemente. Ver *Bull*.

Buy order Cuando se emite una orden de compra al precio del mercado.

Buy limit Compra al precio pre-establecido o a uno mejor.

Buy stop Comprar cuando el mercado llegue al valor a que se ha pre-fijado. Generalmente para cerrar una posición.

Buy market Idem Buy *order*.

Buy Box Compra de una opción *option*.

Cable Libra Esterlina inglesa. Manera coloquial de llamar a la moneda de *Inglaterra*.

CAD (Canadian dollar)   Dólar canadiense, se le conoce popularmente por *Loonie*.

Candle Es la expresión gráfica del movimiento de una moneda o de un par de monedas en un período de tiempo, consta de un cuerpo o *body* limitado por el precio a que abrió el mercado *open* y el precio a que cerró *close*, así como una línea vertical limitada por el precio mas alto *high* y el mas bajo *low* del mismo período de tiempo. En español se conoce por vela.

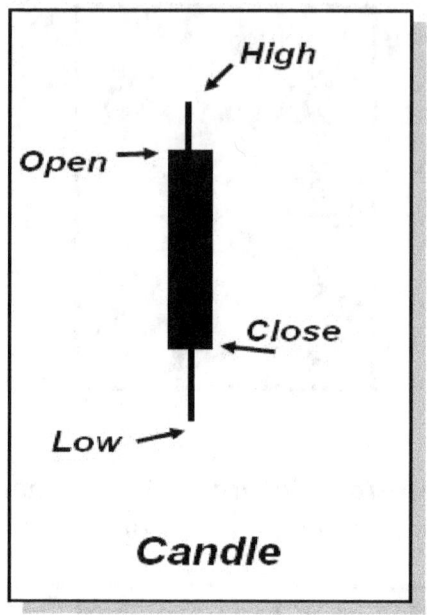

Candle

Candlestick charts   Método de graficar en base a velas *candles* que representan un período de tiempo. Para su mejor comprensión se grafica un tiempo adecuado en función del período escogido para la *candle,* por ejemplo si las velas

son de una hora cada una, se grafica unos tres a cinco días.

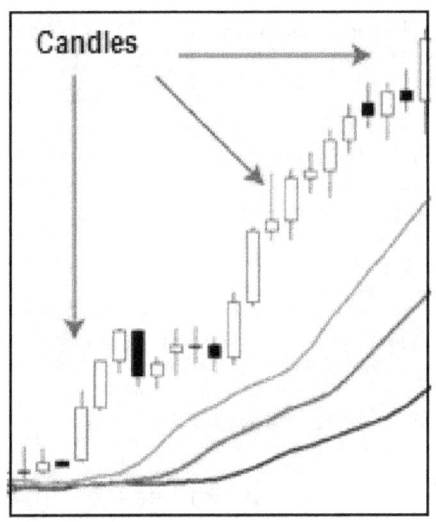

CCI (Commodity Channel Index) Indicador diseñado originalmente para mercancías *commodities* , pero que surge mucho efecto en el *Forex.*

Cellular Telefono móvil.

CFTC (Commodity Future Trading Commission) Agencia reguladora Federal de

Futuros y algunos aspectos de la industria del *Forex*.

Channel Canal

Channel market Un mercado que se mueve entre dos límites de soporte y resistencia. Se identifica regularmente de manera gráfica.

Challenge Desafío, meta.

Chaos Caos, la teoría del caos mantiene que en medio de un sistema aparentemente en desorden hay leyes que dominan su comportamiento.

Chase Perseguir algo, se usa para describir críticamente a algunos *traders* que persiguen el precio obsesivamente produciendo en ocasiones pérdidas innecesarias.

CHF (Swiss Franc) Franco suizo.

Chopper day Día en que se entra y se sale del mercado en varias oportunidades.

Choppy market Mercado de entra y sale, se le llama también mercado de picoteo.
Christmas Navidad.

Churning Cuando un *brocker* que está haciendo transacciones en tu nombre y entra y sale mas veces que las necesarias solo con el objetivo de cobrar mas honorarios o comisiones.

Click Acción mediante la cual se da una orden oprimiendo una tecla en el tablero de la computadora *keyboard o en el mouse.*

Closed position   Una posición cerrada o cancelada.

Clue Pista, señal, guía, que me ayude a tomar mejores decisiones.

CME (Chicago Mercantil Exchange)
Agencia que liderea la oferta de opciones y futuros entre otros instrumentos financieros. Ver *options* y ver *futures.*

CNBC, CNBCW Estaciones de televisión dedicadas al mercado.

Color printer Impresora a color.

Commission Los honorarios que cobra el brocker por llevarte tu cuenta.

Commodities Mercancías tales como granos, alimentos, metales, etc. que se comercializan en el mercado.

Compound Interest Interés compuesto, una manera exponencial de aumentar nuestro capital inicial. Cada vez que ganes, sumas esa ganancia al capital inicial trayendo por consecuencia que cada vez tendrás más posibilidades de adquirir más lotes o mini-lotes, si se es consecuente y disciplinado, en un tiempo razonable el resultado será asombroso.

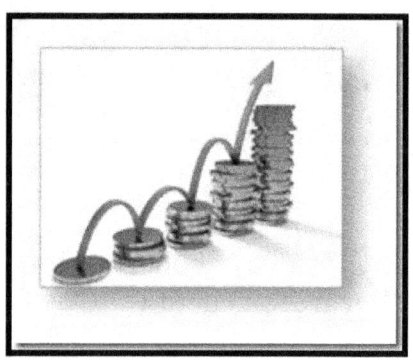

Computer Computadora, ordenador, *PC*.

Confirmation Confirmación. Se usa este término cuando uno o más indicadores sustancia la acción del otro.

Consolidation Cuando el mercado después de haber desarrollado una tendencia comienza a moverse de lado, es decir, entre soporte y resistencia , se dice que esta consolidando.

Continuation patterns Patrones que por su característica indican una alta probabilidad de que el mercado continúe en el sentido en que se venia moviendo antes del patrón.

Convergence/Divergence
Convergencia/Divergencia, se usan en el análisis del mercado, se observan las gráficas del precio versus las gráficas de ciertos indicadores, y se buscan contradicciones.
Por ejemplo si el precio va hacia arriba y la curva del indicador va hacia abajo ya habría una divergencia, indicación de una alta probabilidad de una reversa inminente.

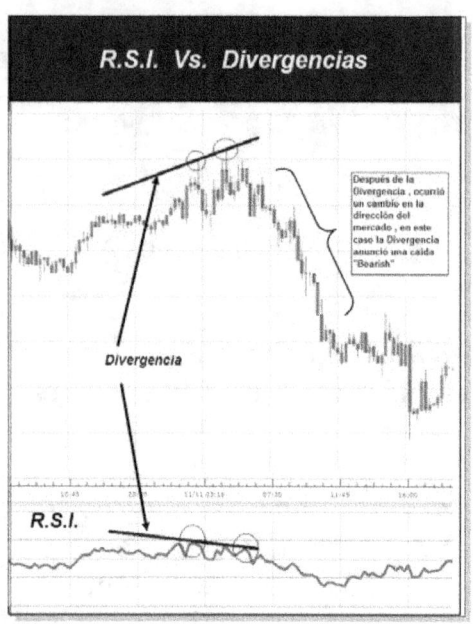

Core Lo principal, el meollo, el corazón de...

Convertible currency Moneda libremente convertible, divisa, moneda fuerte

Copy/Paste Copiar y pegar. Se usa en el mundo de la cibernética en copiar determinados documentos o información para trasladarlos a otro dispositivo.

Corp. C Corporación estándar en los Estados Unidos.

Corp. Sub. S Corporación en los *Estados Unidos* que evita el doble impuesto, en ocasiones es de gran utilidad para los negocios pequeños.

Corp.LLC *(Limited Liability Corporation)* Un tipo de corporación en los *Estados Unidos* que permite dirigir un negocio propio al tiempo que puedes desviar las ganancias a familiares y amigos. Un apropiado uso de este tipo de corporación puede resultar en enormes ahorros en materia de impuestos.

Corrections Si el mercado se mueve en un sentido y respira, retrocede un poco para luego incorporarse nuevamente a la dirección que traía antes de ese retroceso se ha producido una corrección, *correction*. Se le llama también *retracement*. Ver *retracement*.

Countertrend   Día en que el mercado se comporta contracorriente o sea en dirección opuesta a la tendencia.

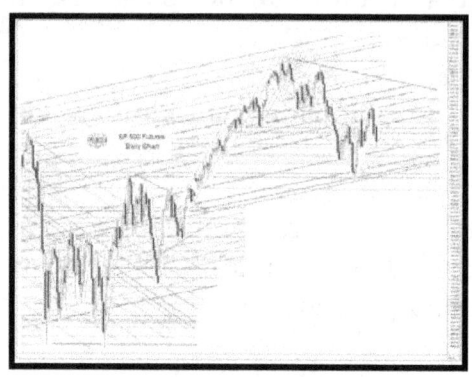

CPA   (Certified   Public   Accounting) Contable o contador certificado en USA.

CPI (Consumer Price Index)   Indice del consumidor.

Cryptocurrency Criptomonedas. Una moneda digital que emplea técnicas de cifrado para reglamentar la generación de unidades de moneda y verificar la transferencia de fondos, y que opera de forma independiente de un banco central

Cross rates Una razón de cambio entre dos divisas que no sean dólares americanos.

Cup & Handle Patrón que presenta la forma de una taza y su asa, se usa mucho en el mercado de acciones *stocks,* suele avisar de un cambio en la dirección del mercado.

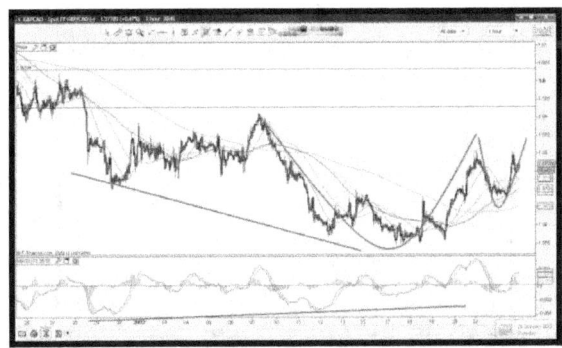

Currency   Ver *Convertible Currency.*

Currency pair   Dos monedas con una razón de cambio como pudiera ser *USD/EUR.*

Currency trader Un comerciante de monedas fuertes o divisas.

Currency trading El acto de negociar entre dos monedas legales de diferentes países.

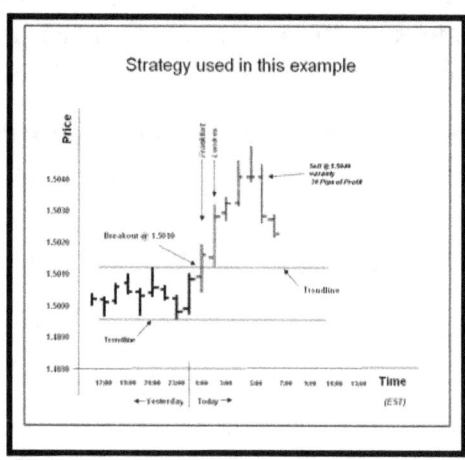

Customization   Hecho a la medida, adaptado a tus preferencias.

D

Daily   Diariamente.

Data Información almacenada sobre los valores del *open, high, low* y el *close* de las diferentes monedas e índices y de los diferentes períodos de tiempo, estos datos se usan para nuestros análisis y para la construcción de gráficas.

Database   Ver *data*.

Date   Fecha.

Day trading Establecer y liquidar posiciones en el *trading* dentro del mismo día no dejando ninguna posición abierta para el próximo día.

Day trader El *trader* que hace *day trading*.

Day order Órdenes que contemplan iniciar posiciones dentro del horario del día si no se cierran antes de terminar el día se cierran automáticamente.

Dealer Personas que actúan como principal en todas las transacciones, comprando y vendiendo para tu cuenta.

Deductions Deducciones, cantidad que el *I.R.S.* *(Internal Revenue Services)* en *USA*, permite sustraer del grueso de la entrada total, evitando de ese modo pagar impuestos por esa cantidad.

Dealing station Las operaciones de compraventa en el *Forex* ocurren en segundos a través de las plataformas, usando un programa instalado que permite interrelacionarse con el *brocker*. Esta tecnología que te permite hacer *trading* desde tu hogar se conoce como *dealing station.*

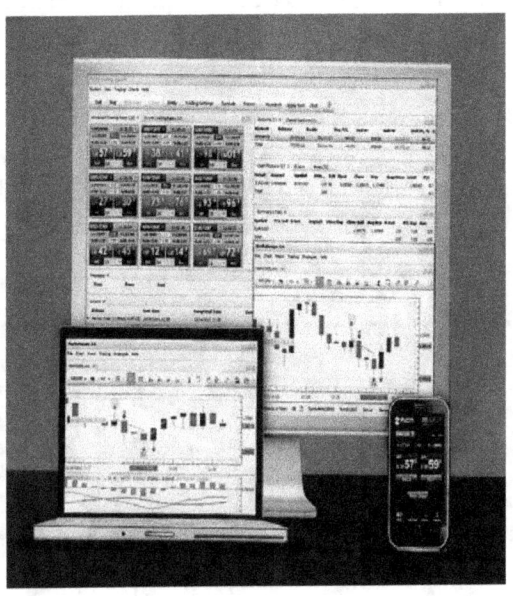

Deductions Deducciones, cantidad que el *I.R.S. (Internal Revenue Services)* en *USA,* permite sustraer del grueso de la entrada total, evitando de ese modo pagar impuestos por esa cantidad.

Default Aunque la traducción literal se refiere a negligencias en un pago, en el mundo de las computadoras *PC's* significa ajuste, en general un grupo de variables que están pre-fijadas en el programa o aplicación que te permite una vez cambiados todos los parámetros a voluntad regresar a los valores originales sugeridos por el autor.

Demo-account   Cuentas simuladas que te permiten practicar y probar tus estrategias en tiempo y data real, solo que con dinero ficticio. Generalmente son ofrecidas gratuitamente por un tiempo por las diferentes plataformas.

Divergences   Ver *Convergence/divergence.*

Doji Formación gráfica del movimiento del precio en un período dado, donde el *open* y el *close* coinciden en valor.

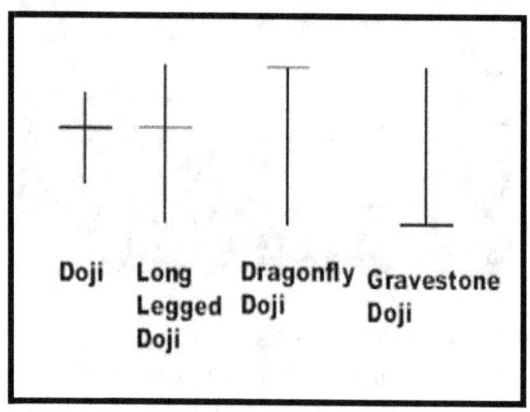

Se acepta como *Doji* cuando los valores son muy cercanos. Es muy usado en el análisis de las gráficas. Indica indecisión y alerta de un posible cambio.

Double bottom   Es una formación donde el precio de un par de monedas baja, rebota y luego vuelve a bajar en una zona de soporte, para volver a rebotar e incorporarse en dirección contraria a la que traía antes de comenzar a formarse ese patrón. Describe un patrón similar a una *"W"*.

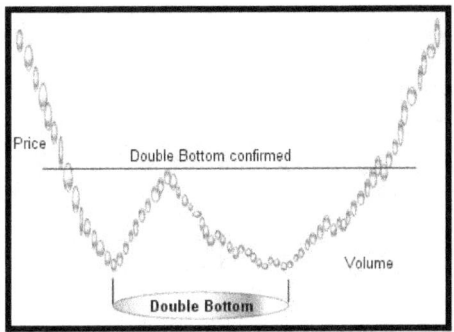

Double Top Es una formación donde el precio de un par de monedas sube, rebota y luego vuelve a subir en una zona de resistencia , para volver a rebotar e incorporarse en dirección contraria a la que traía antes de comenzar a formarse ese patrón. Describe un patrón similar a una *"M"*.

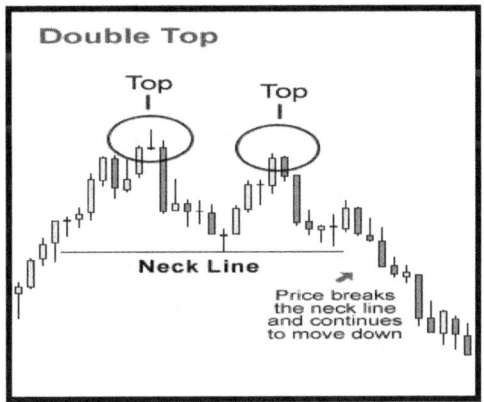

Dow Jones Index Índice de *Dow Jones*, es un índice basado en el promedio de la actividad de las 30 acciones o *stocks* mas activas.

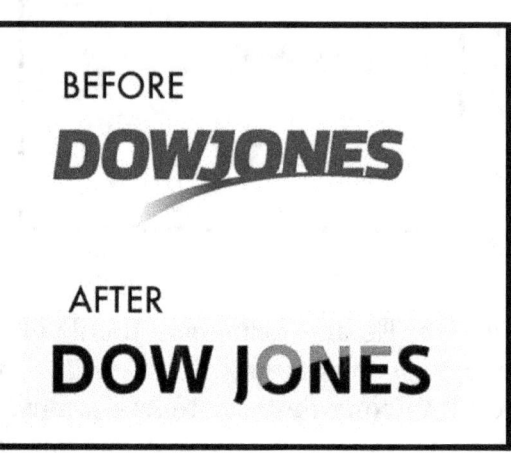

Download Descargar archivos para computadoras generalmente de la Internet.

Downtrend   Tendencia hacia abajo, donde los precios declinan.

Downpayment   Pronto que se adelanta para iniciar una inversión.

Draw   Dibujar, trazar, una aplicación muy común es en el trazado de líneas de tendencia *trendlines*.

Durable goods   Artículos durables, este indicador básicamente mide las nuevas órdenes a manufactureros de productos domésticos que duran en general más de tres años.

D.S.L. (Digital Subscriber Line) Se refiere a servicios de Internet de alta velocidad.

Early birds Manera coloquial de denominar a los que se levantan temprano. En *Forex* se conocen de ese modo a los que hacen *trading* desde muy temprano en la mañana.

Easy language Idioma que usa *Metatrader®* para programar.

Economic calendar Calendario de los eventos económicos mas importantes para el *Forex.*

Economic indicators Indicadores económicos que reflejan estadísticamente la razón de crecimiento económico y su tendencia, por ejemplo las ventas al detalle o el índice de empleos.

Edge Borde, filo, pero en *Forex* se usa como ventaja, tener un margen de ventaja, aproximarse poco a poco ventajosamente.

EE.UU. Abreviatura de *Estados Unidos.*

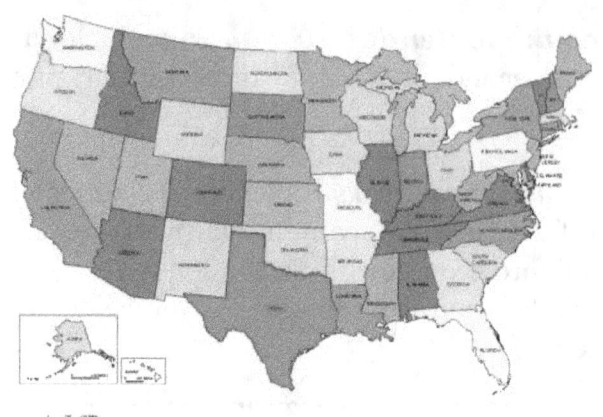

Electronic Comunication Network   Una red electrónica que permite intercomunicarse.

EMA (Exponential moving average)   Un _moving average_ que da mayor peso o importancia a los últimos períodos.

E-mail Mensaje electrónico enviado generalmente por _Internet._

Endeavor   Esfuerzo para lograr algo.

Entrepreneur   Empresario.

Equity   Valor líquido, liquidez, las ganancias de una posición cuando esta se liquida, visto de otro modo lo que vale ahora una posición menos lo que se gastó en obtenerla.

Equities   Ver *Equity*.

Euro   Euro, moneda común en la mayoría de los países europeos, los llamados países de la Euro-zona, inicialmente incluyeron a *Austria, Francia, Alemania, Finlandia, Irlanda, Italia, Luxemburgo, Países bajos, Portugal y España*

y posteriormente se incluyó a *Grecia,* fue

establecido *el 1ro de Enero del año 1999.*

EST *(Eastern Standard Time)* Se refiere a la hora del este de los *Estados Unidos* específicamente a la hora de *New York.*

Even Parejo, al mismo nivel, por ejemplo una posición que ni gana ni pierde que está pareja, también se conoce por algunos autores como *square.* Ver *Square.*

Expires El tiempo en que una *limit order* expira.

Fade Literalmente es desvanecimiento pero en *Forex* obtiene otra connotación. En el *trading* se usa generalmente para describir una actuación contraria a algo. Por ejemplo, se supone que cuando sucede un *breakout*, o sea cuando el precio rompe con un patrón establecido y se separa de el, se entre una posición en el sentido hacia donde rompió el precio, si por alguna razón, por alguna estrategia entramos en sentido contrario se dice que hemos *"fade the brakout"*.

Fading Ver *Fade*. Haciendo *fade*.

Fader Ver *Fade*. El que hace *fade*.

Fans Seguidores o admiradores de algo.

Fairly Bastante.

Fast Stockastic Indicador basado en la sobreventa y en la sobrecompra *oversold & overbought* de un par de monedas, según sea el ajuste *setting* se le llama rápido o lento *Fast or Slow Stockastic*.

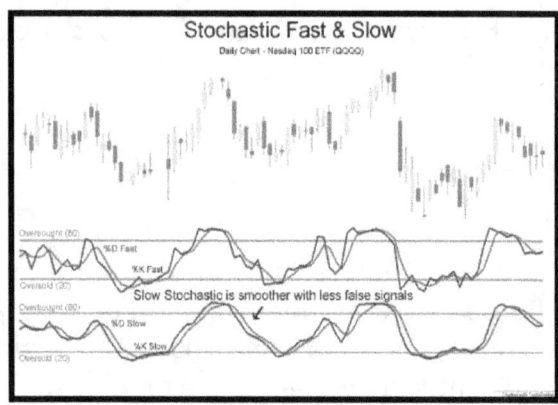

FCM (Future Commision Merchant) Firma o individuo que actúa como *brocker* o corredor para las transacciones de contratos de Futuros o de Opciones. Ver *futures*. Ver *options*.

FED (U.S. Federal Reserve System) Sistema de la Reserva Federal de los *Estados Unidos*.

Fear Temor.

Fib. Nombre usado en los *Estados Unidos* como abreviatura de *Fibonacci*.

Fibonacci   Matemático italiano que formuló una serie basada en adicionar los dos números anteriores. Los números y su relación muestran cifras significativas. Las secuencias 3, 5, 8, 13, 21, 34, etc son conocidas como números Fibonaci, Las relaciones más comunes son *38%, 62%, 50% y 100%,* a pesar de que *50* no es un número *Fibonacci* pero por su uso se considera como tal.

Fibonacci retracements Cuando un mercado se mueve en una dirección, en algún momento regresa, hace un respiro, una corrección para luego incorporarse nuevamente a la dirección anterior, a ese retroceso se le reconoce como *retracement*. Suele suceder que ese *retracement* rebota o cambia de dirección en niveles específicos que coinciden con los números de *Fibonacci*. Por esa razón cuando un mercado respira, hace un *retracement*, se vigila pues muchas veces

sucederá que rebotará a los porcientos de *Fibonacci,* este conocimiento es usado a la hora de tomar decisiones.

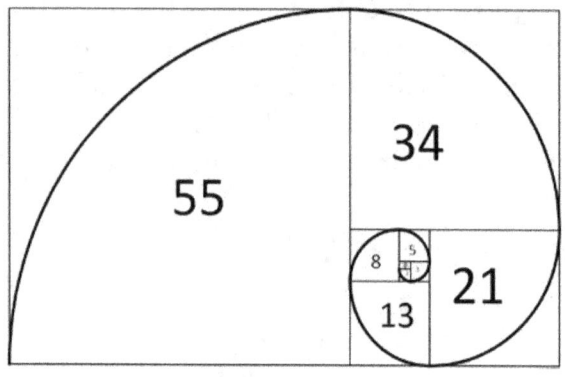

Flag Bandera, en el *Forex* se usa para referirse a un patrón que tiene esa geometría. Esos patrones nos sirven de guía para pronosticar movimientos futuros.

Flashing Una señal generalmente lumínica que nos alerta de algún suceso. Se usa en el *Forex* para señalar movimientos en el precio que nos pongan sobre aviso para tomar decisiones.

Floor Trader Pivot Es una manera de llamar a los que usan en *el piso* o sea en donde se hace *trading* el *Pivot Point System*, principalmente lo usan en en el *Trading Pits de Chicago*.

Font size Tamaño de la letra. Se denomina por puntos p.e. *10* puntos de medida.

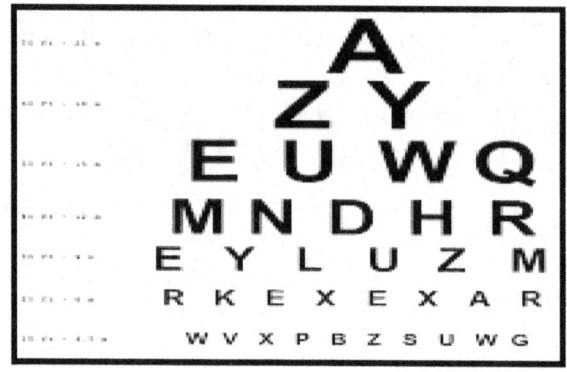

Forecasting Pronóstico.

Foreing Exchange Intercambio de divisas. De la integración de estas dos palabras salió la sigla *For-ex, Forex. Ver Forex.*

Foreing Exchange Trading La operación de contraventa de una moneda respecto a la otra. Su sigla es *Forex. Ver Forex.*

Forex Nombre propio que se ha seleccionado para describir la actividad de hacer *trading* con monedas. Ver *Foreing Exchange.*

Forums Foro. Lugar donde un grupo de personas intercambien criterios y experiencia, suelen ser muy valiosos si los asistentes son responsables.

Hoy es muy común encontrar forum en *Internet* acerca del *Forex*.

Fractal La geometría fractal se define como una descripción matemática superior, de las formas naturales, que están conformadas de copias más pequeñas de si mismas.

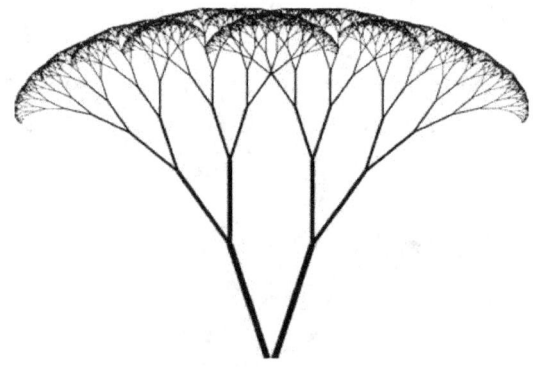

Free Floating market Monedas libremente convertible, también conocidas como divisas. Su valor está determinado por las fuerzas del mercado.

Free margin Dinero disponible después de separar el margen *margin* requerido.

Fundamental Analysis Análisis fundamental. Un método para anticipar el futuro movimiento del precio de un par de monedas , usando información de la oferta y de la demanda y basada en los factores macroeconómicos de los diferentes países envueltos , estos factores pueden ser *p.e.* el crecimiento global, la inflación, el déficit, los intereses, etc.

Fund deposit Un depósito que fue aplicado a tu cuenta.

Fund withdrawal Una extracción hecha a tu cuenta.

Futures Posiciones que sostienen que en un futuro preciso el precio alcanzará un determinado valor. Su uso más generalizado es en las mercancías o *commodities*.

G

Gain / loss   Ganancias / Pérdidas, Ver *Profit & Loss*.

Gann *William Delbert Gann*, uno de los primeros y mejores analístas técnicos del mercado. Nació en el *1878* en *Texas*. Dejó revolucionarias teorías basadas en la relación entre el Patrón, el Precio y el Tiempo, *Pattern, Price & Time*.

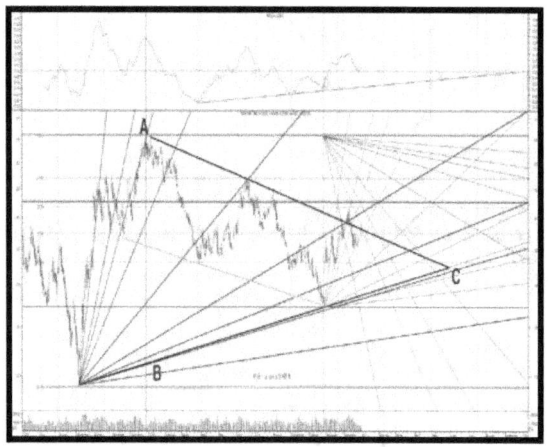

Gambling Juego del azar. Cuando las posibilidades de ganar o perder son iguales. Se dice que hacer *trading* no es un *gambling* pues cuando se participa responsablemente, las posibilidades deberán estar inclinadas a tu favor, mediante el uso de análisis fundamentales y técnicos.

Gap Vacío, es la ausencia de transacciones, es el vacío que se forma entre dos precios dentro de un período de tiempo o entre dos períodos diferentes. Suele verse al comienzo de un período, pero en el *Forex* no es común verlo.

GBP (Great British Pound) Libra Esterlina Inglesa. £ .

GDP (Gross Domestic Product) Producto doméstico Bruto, toda la producción dentro de las fronteras de los *Estados Unidos*.

Glean Recoger, se usa cuando se cierran posiciones para garantizar *profit*.

GNP (Gross National Product) Producto Nacional Bruto, incluye la producción de los *Estados Unidos* incluyendo a la realizada en el extranjero.

Gravestone doji Un patrón de las velas *candles* donde el *close* está muy cerca del *open* y ambos están muy cerca del punto más bajo *low*.

Candle Patterns con 1 candle			
Nombre	Tipo	Señal	Observaciones
Doji		Indecisión . Fin de un trend o reversal	El Close y el Open deben ser iguales , aunque se admite como Doji , si la diferencia es menor del 10% del Rango de la Candle
Spinning Top		Indecisión . Aparecen en Top y Bottom en Range Market	No importa el color del cuerpo "body" de la candle
Gravestone		Indecisión . Indica Bearish . Sugiere reversa	El Close y el Open deben ser iguales , aunque se admite como Gravestone , si la diferencia es menor del 10% del Rango do la Candle y ambos estan en el 10% del Bottom de la Candle
Dragonfly		Indecisión . Indica Bullish . Sugiere reversa	El Close y el Open deben ser iguales , aunque se admite como Dragonfly , si la diferencia es menor del 10% del Rango de la Candle y ambos estan en el 10% del Top de la Candle
Hammer		Indica Bullish . Reversa o Bottom	Solo es muy valiosa cuando aparece en Downtrend No importa el color
Hanging man		Indica Bearish . Reversa o Top	Solo es muy valiosa cuando aparece en Uptrend No importa el color
Shooting Star		El mas Bearish . Indica reversa . Se le conoce como "hammer invertido"	Solo es valido cuando aparece en el Top de un Uptrend

Grasp *Agarrar, conseguir algo que se ha estado persiguiendo, lograr entender lo que se está analizando.*

Greed Avaricia, glotonería, codicia. . .

GTC (Good Till Canceled Order)   Se trata de una orden que sigue activa hasta que se de la orden de cancelarla.

Hammer Un tipo de vela *candle* que se situa en un fondo *botón*. La misma formación en el *top* se le llama *hanging man*. Tiene un pequeño cuerpo *body* y un rabo *tail* muy largo dirigido hacia

abajo. Cuando aparece en el lugar adecuado suele indicar reversa o cambio.

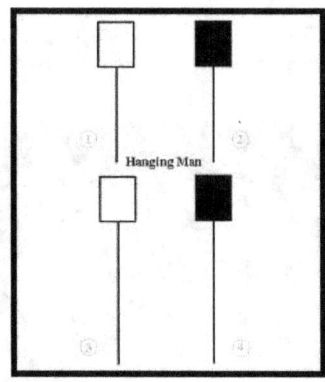

Hanging Man

Hanging man   Ver. *Hammer.*

Harami   Una formación de dos velas *candles* que puede ser visto arriba y abajo en la gráfica, solo que invertidos. Se compone de una *candle* larga y una segunda *candle* pequeña contenida en la anterior. Indica cambio o reversa.

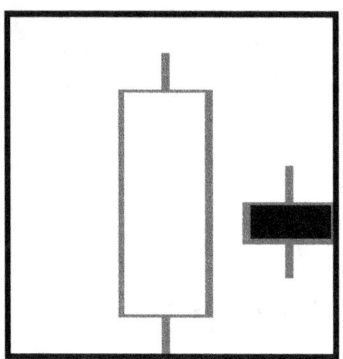

Hard currency Moneda dura. Divisa. Cualquier moneda de las que conforman los pares principales. Moneda libremente convertible.

Hard drive Disco duro que se encuentra en las computadoras. Los hay internos y externos. Se usan principalmente para almacenar información.

Head & Shoulder Cabeza y hombros. Formación de barras o velas *bars or candles* que se asemeja a una cabeza y dos hombros. Se muestra con tres picos a manera de montañas donde el del medio es mayor que los otros dos , implica que habrá reversa. Se usa en períodos largos *long trade* y en el mercado de acciones *stocks*.

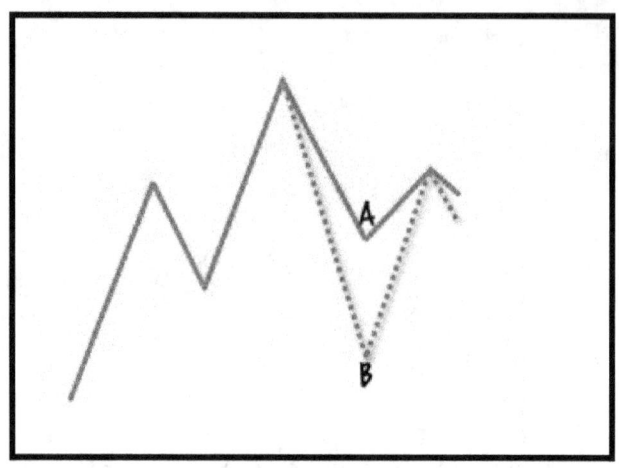

Hedge   Cubrirse, protegerse contra algo, inversión para balancear en el caso que ocurra un movimiento adverso del precio.

Hedge funds   Fondo de inversión mutuo o inversión libre.

Help Ayuda.

Highest El más alto.

Hindsight   En retrospectiva, cuando se está observando algo que ya pasó. Se dice en el *Forex* que es fácil saber para donde iba a dirigirse el mercado después que ya pasó *hindsight*.

Histogram Histograma. Una manera de tabular y graficar con el uso de columnas de diferentes tamaños, dibujadas a escala según el valor que representa cada una de ellas.

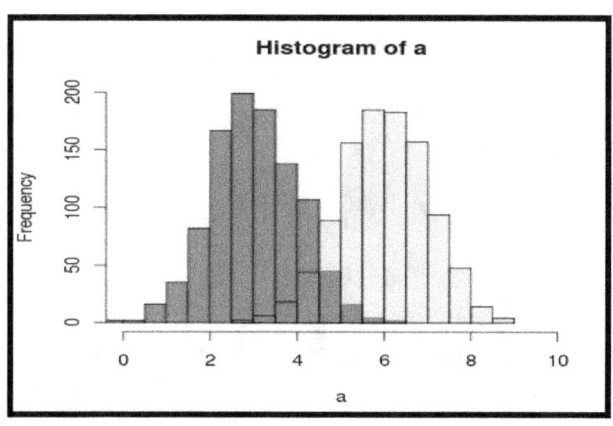

Histogram of a

Hobbie Pasatiempo, afición. El *Forex* debe verse como una profesión a tiempo completo o parte del tiempo *part time* pero no como un *hobbie.*

Hook Gancho, en el análisis del *Stockastic* cuando las dos curvas una vez llegado a la zona de sobrecomprado *overbought* y comienzan a descender, cuando las dos curvas están debajo del porciento límite de dicha zona se dice que están haciendo un *hook,* por la forma que adquieren.

Holy Grial El santo cáliz, se menciona para señalar que no existe nada mágico ni seguro en el *Forex* como el *Holy Grial,* que nada puede

pretender tener la verdad absoluta en este campo.

Housing sales Indice de nuevas ventas de viviendas.

Housing starts Indice de nuevas construcciones de viviendas.

If and then orders Ver. *Then and If orders* son órdenes condicionadas que se activan solo si se cumplen las condiciones prefijadas , si había mas de una condición quizá contradictoria con la otra , cuando se activa la primera orden se elimina la que quedó pendiente.

Income Ingreso.

Income tax Declaración de impuestos en los *Estados Unidos.*

Index Se refiere a índices estadísticos que miden entre otros los cambios en diferentes aspectos de la economía o el mercado financiero, frecuentemente expresados en porciento. Ejemplo de índices es el "Indice del Consumidor" o índices de monedas como el dólar, el euro etc.

IMF (International Monetary Funds) Fondo Monetario Internacional, creado en *1944* por las potencias ganadoras de la segunda guerra mundial, con vistas al comercio de divisas. Posteriormente en *1970* se decidió que las monedas contenidas en este acuerdo flotaran libremente con la creación del *(IMF)*, Fondo Monetario Internacional.

Indicators Indicadores, son estudios que se utilizan para organizar la *data* pasada para tomar decisiones futuras mediante métodos matemáticos o geométricos, precisando movimientos, puntos de rebote *pivot points*, respiros *retracements*, proyecciones *projections*, etc. con vistas a aislar situaciones y tomar decisiones basadas en el análisis y las similitudes.

Inflation Inflación, cuando hay mucho dinero y pocos productos.

Interest   Ver *Interest rates*.

Interest rates   Interés a que el país vende el dinero a los bancos.

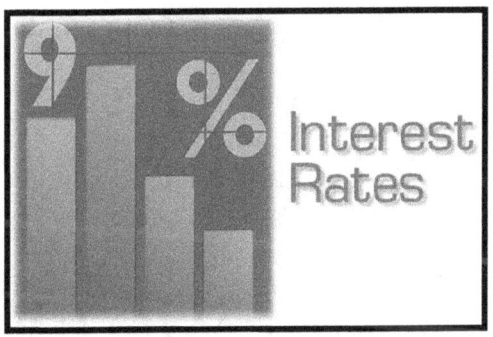

Interest in account   Interés que se aplicó a tu cuenta por un *trade* determinado ya sea positivo o negativo.

Intertwining   Enredado, torcido.

Interface   Es un elemento de interconexión, término usado en el lenguaje cibernético. Nos permite conectarnos p.e. con el *brocker* por medio del teclado *keyboard*, tecleando instrucciones al sistema, las cuales logran mostrar y permitir nuestra interrelación con la plataforma que ofrece el *brocker*.

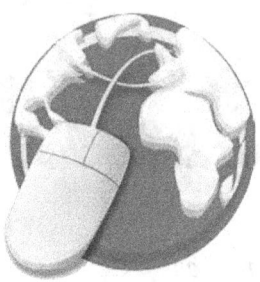

Interface customization Ver. *Interface setting.*

Interface setting Ajustes que se pueden hacer, p.e. en todo lo que muestra la pantalla del monitor de la PC.

Quitar o poner cuadros, tablas , reseñas, cambiar el color , la intensidad , el espesor de los elementos, modificar tamaños, letras, etc.

Intraday Dentro del día, se dice cuando se hace *trading* después de la *4:59 PM Est.* y antes de las *5:00 PM Est.*

Del otro día, sin dejar posiciones abiertas fuera de ese período.

Intraday traders Participantes en el *Forex* que entran y salen de sus posiciones dentro del día, sin dejar posiciones abiertas fuera de ese período. Ver *Intraday.*

I.Q. (Intelligence quotient) Coeficiente de inteligencia.

I.R.S. (Internal Revenue Service) El Servicios de Rentas Internas, organismo que se dedica a colectar los impuestos en los *Estados Unidos*.

JPY (Japanese Yen) Moneda usada en el *Japón*. *Yen* japonés.

Keyboard   Teclado.

Lagging Indicators Indicadores que te sugieren el movimiento futuro del mercado, basado en d*ata* pasada.

Last motion La cantidad de movimiento que permite el mercado por encima de las zonas o líneas de cambio sin que eso defina un cambio de dirección de la tendencia del mercado.

Leading indicators Indicadores que reflejan los cambios del mercado que han sucedido hasta el último dato.

Leverage Apalancamiento. Es un instrumento financiero que te permite manejar grandes cantidades de dinero con solo una porción disponible. En *Forex* es posible manejar *$10,000* con solo *$100*, mediante el uso del *leverage*.

Likehood Probabilidades.

Liquidity Liquidez, habilidad del mercado de aceptar operaciones sin demoras, en el Forex las transacciones son virtualmente instantáneas gracias a la liquidez de los principales pares de monedas.

Lock Bloquear, se usa para proteger la entrada o salida de la plataforma por un extraño. Una vez que se sale para volver a entrar es necesario disponer nuevamente de los códigos o *passwords* de entrada.

Log Registrarse, entrar en un determinado sitio donde se requiere algún trámite o permiso. Ver *log in* y *log out*.

Log in Entrar en un sistema. Acción de conectarte con el *brocker* a través de tu *PC*.

Habilidad de entrar en el sistema. Generalmente se necesita un código o *password*.

Log out   Salir de un sistema. Acción de desconectarte del *brocker* a través de tu *PC*. Habilidad de salir del sistema.

Long   En un mercado donde el precio está subiendo sostenidamente, cuando se entra comprando una posición se dice que "entré *long*, lo contrario sería "entré *short*".

Long position   Cuando la posición abierta ya sea *long* o *short* se va a mantener por mucho tiempo, períodos largos como semanas o meses incluso años.

Long term traders   Participantes del *Forex* que mantienen posiciones períodos largos. Ver *long position*.

Loonie (Canadian dollar) Dólar canadiense.

Lot   Lote , es una unidad de medida de una cantidad acordada de unidades. En *Forex* un lote *lot* es igual a *10,000* unidades, un mimi-lote *mini-lot* es *1,000* unidades, hay plataformas que admiten lotes aún mas pequeños , los micro-lotes *micro-lots* que son equivalente a *100* unidades.

Lower-back support   Soporte para la baja espalda que tienen ciertos asientos. Estos soportes pueden ser fijos a las sillas o separados para ser usados como aditamentos, son muy necesarios para personas que dedican un tiempo considerable a trabajar en la computadora.

Lower bound   Ver *Bound lower*.

Lowest   El más bajo.

MACD *(Moving Average Convergence Divergence)*
Es un indicador basado en dos curvas de *Exponential Moving Average* y en ocasiones de un *Histograma*.
Fue desarrollado por *Gerald Appel* y se pronuncia *macdí* como suenan sus iniciales. Está considerado como *lagging indicator*, porque ofrece señales atrasadas aunque muy seguras.

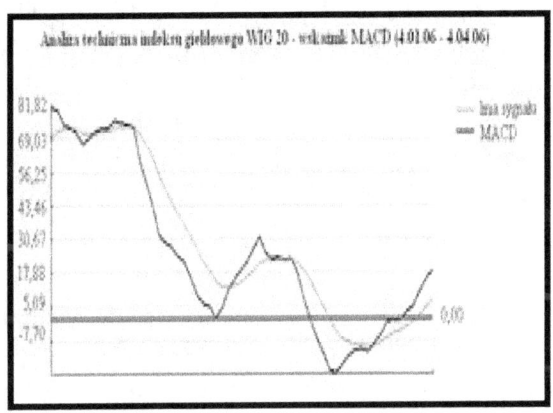

MACRO *(Messy and Confusing Repeated Operations)* Recurso que ofrece el programa Excel para facilitar y automatizar operaciones complejas.

Major Currency Pairs Pares de monedas principales tales como el *EUR/USD, GBP/USD, USD/JPY* y otras.

Margin Margen, es la cantidad de capital que un *brocker* exige de reserva para abrir una posición. En acciones *stocks* etc. si el capital amenaza con quedarse corto el *brocker* te hace una llamada pero en el *Forex* automáticamente la plataforma del *brocker* liquida tus posiciones sin previo aviso.

Margin call Llamada de aviso que hace el *brocker* solicitando mas capital antes de cerrarte tus posiciones, en *Forex* es diferente, te cierran las posiciones automaticamente. Ver *Margin.*

Marketing Mercadotecnia, mercadeo, mover mercancías y servicios de un proveedor a un consumidor.

Marketplace   Mercado.

Millon   Es lo mismo para los Anglos como para los hispanos,   1,000,000

Modem card Dispositivo portátil que te permite conectarte al *Internet*   por satélite aún cuando viajas.

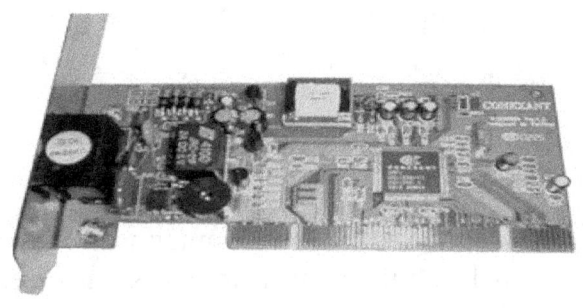

Momentum   Como indicador   es un oscilador diseñado para medir la razón de cambio en el precio de un par de monedas y no   el   precio actual. Se ve también   como una   manera de mostrar suavizada una secuencia de precios.   El estudio de tales variaciones da ventajas a los que hacen *trading*. Se basa en la diferencia entre el *close* de hoy y el *close* de días anteriores de un período dado.

Momentum trader   Define a los *traders* que hacen operaciones oportunas con los osciladores de *momentum* dentro de la semana es en cierto modo similar a los *Swing traders*.

Monday   Lunes.

Monthly   Mensual.

Morning Doji Star   Una formaciín de tres velas *candles* en la cual la intermedia es un *doji*. Ver *doji*.

Moving Average   Es un indicador que muestra un precio promedio de un par de monedas en un período de tiempo. Se ve también como una manera de mostrar suavizada una secuencia de precios, desapareciendo virtualmente los precios fuera de serie *outstanding*.

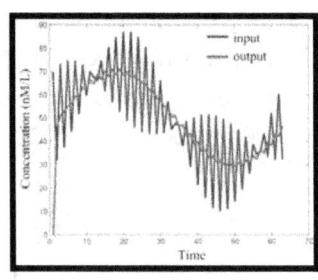

Moving Average Crosses   Donde se cruzan dos curvas de diferentes *moving averages*.

Nap Siesta, algunos autores como *Bill Williams* usa esta palabra para describir *moving averages* entrelazados haciendo un canal, antes de definir una nueva tendencia.

Neck line Línea que une los dos puntos extremos de un patrón *double top* o de un *double bottom*, se usa como indicador para entrar en el mercado. Generalmente se usa en posiciones medianas o largas.

NFA   (National   Futures   Asociation) Asociación Nacional de Futuros, organización reguladora de la industria de Futuros, fue diseñada por la *(CFTC)*. Ver *(CFTC)*.

Night owl   Se denomina de esa manera a los trasnochadores, en *Forex* a los que hacen *trading* de madrugada cuando entra *Londres* al mercado.

Nitty-gritty   Ir al grano, no andar con rodeos, ir al meollo de algo.

Non Farm Payroll   Indice de empleos en *EE.UU.* sin considerar los trabajadores agrícolas.

Notes   Notas bancarias, obligaciones bancarias en un período de tiempo.

NYSE *(New York Stock Exchange)* La bolsa de *New York* en Wall *Street*.

OCO *(One Cancel the Other)* Una orden que al efectuarse suspende la otra, por ejemplo, comprar *buy* si llega a un nivel deseado o vender *sell* si por el contrario baja a un nivel deseado, cualquiera que se active primero elimina automáticamente la orden pendiente.

Odds Probabilidades.

Off-shore Término usado en *EE.UU.* para calificar cualquier organización financiera con su directiva radicando fuera del país, p.e. con domicilio legal en *Bahamas, Gran Caimán,* etc.

Office supply Suministros de efectos de oficina.

Offset Balancear, equilibrar.

Online En línea a través de la red, a través de la *Internet*.

On the spot En el lugar, en el mismo sitio...

Open position Una posición que se mantiene abierta.

Option La opción es un contrato que adquiere el derecho pero no la obligación de comprar o vender lo acordado a cierto precio y en un tiempo limitado. Si se efectúa la compraventa es señal que el mercado fue a tu favor obteniendo ganancias, si cancelas solo pagas los honorarios de haber tenido ese contrato *ticket price* reduciendo de ese modo las posibilidades de grandes pérdidas.

Order Generalmente es una orden de un participante al *brocker* para ejecutar una transacción. En *Forex* generalmente es a través de la plataforma directamente.

Order cancelled La *limit order* fue cancelada según tus requerimientos.

Order cancelled (BV) Orden cancelada por ejecutar los bordes del *Box option*. Se conoce por violación de los límites *bound violation*.

Order cancelled (NSF)   Orden cancelada por insuficiencia de fondos.

Order expired   La *limit order* expiró.

Order Filled   La *limit order* se activó.

Oscilators   Osciladores, son indicadores que miden cuando el mercado está sobrevendido o sobrecomprado *oversold & overbought*, así como la velocidad del movimiento del precio.
Un ejemplo es el *Stockastic, el RSI,* el *Awesome oscilator* , etc. generalmente fluctúan entre *0% y 100%* .

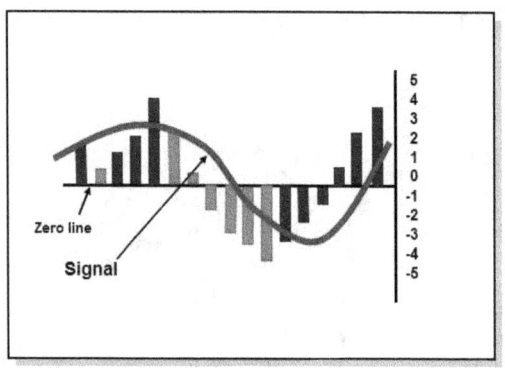

OTC(Over The Counter)   Con disponibilidad inmediata, sin restricciones, como el *Forex* es un mercado global e interconectado, siempre está dispuesto a realizar una operación, por eso se considera como un mercado al menudeo *(OTC).*

Outcome   Resultado.

Outlier   Fuera de grupo, p.e. en una gráfica de barras, una que se sale del grupo , que es diferente al promedio.

Overbalancing Se usa cuando la corrida *rally* ha excedido en términos de *precio y tiempo* a la corrida *rally* anterior.   Es un indicador de cambios de tendencia que aplica la teoría de *Gann.* Cuando aparece una barra enorme y rápida se dice que el precio se adelantó al *tiempo,* pudiera ser que le sigan algunas barras interiores *inside bars,* hasta balancear el *precio* con el *tiempo.*

Overbought   Sobrecomprado, el mercado ha ido muy lejos   en el aumento de precio, deberá corregirse con un retroceso *retracement,* el precio debería comenzar a bajar pues los *traders* comenzaran a vender.
Overhelming Aplastante.

Overlay   Se refiere a los indicadores, líneas *trendline*, etc. que se aplican sobre las gráficas, curvas, etc. como capas, superpuestas.

Overloock   Pasar por alto.

Overnight position   Posición que pasa de un día para el otro.

Oversold Sobrevendido, el mercado ha ido muy lejos en la disminución de precio deberá corregirse con un retroceso *retracement*, el precio debería comenzar a subir pues los *traders* comenzaran a comprar.

Pair Generalmente se refiere a un par de monedas que se interrelacionan mediante una razón de cambio como p.e. *GBP/EUR*. En un par de monedas si la primera es la *base* se compra, la segunda *quote* se vende. Ver Base. Ver quote.

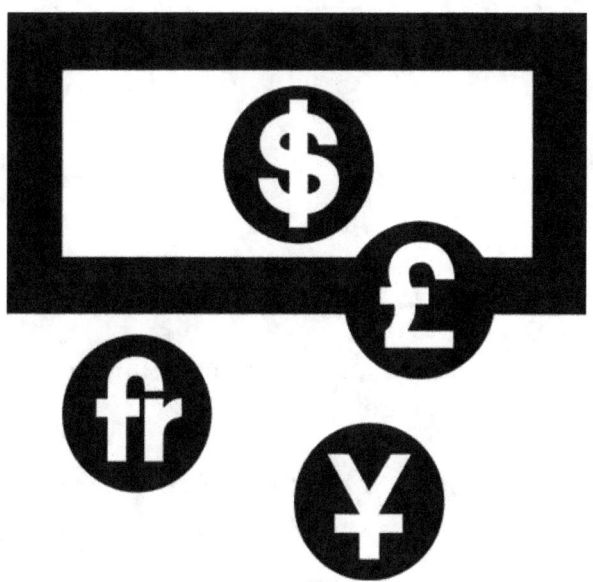

Pair of Currency   Ver Pair.

Paper trading Es hacer *trading* sin nunca haber dinero físico, solo en papeles.

Parabolic Stop-and-Reverse (SAR)
Indicador que se basa en recomendar un *trailing stop* y sugerir *Stop and Reverse* cuando es necesario. Ver *trailing stop.*

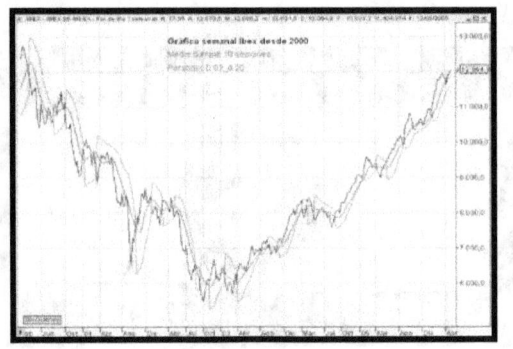

Gráfica semanal Ibex desde 2000
Media Simple 10 sesiones
Parabolic 0.07_4.20

Parity Paridad, es el valor relativo de una moneda respecto a otra.

Password Código o número secreto para accesar a algo.

Pattern Patrón. Configuraciones geométricas que forman las velas, pero en especial las barras, que sirven de señales para predecir lo que ocurrirá después con el mercado.

Estos patrones son muy útiles y las figuras mas conocidas son las *flags, head and shoulder, pennants,* etc.

Ayudan principalmente a *traders* que se posicionan períodos prolongados, aunque algunos como los *flags* suelen ser usados en períodos cortos con bastante eficiencia.

PC *(Personal Computer)* Computadora u ordenador personal.

Peak Pico, p.e. horario pico *rush hours*.

Peak session Julio y Agosto se les conoce con esa denominación.

Pendant Un tipo de patrón similar a una bandera triangular.

Personal income Entrada de dinero personal.

Personal outlays Gastos personales.

Pip (Porcentage in points) Mínima unidad de precio en que varía el valor de un par de moneda.

Pit Similar a *Pip* . También se conoce por *Pit* al área donde se hace *trading* en opciones.

Pie chart Gráfica circular donde las partes generalmente porcientos representados adquieren la forma de sectores o triángulos parecidos a las porciones de un pastel.

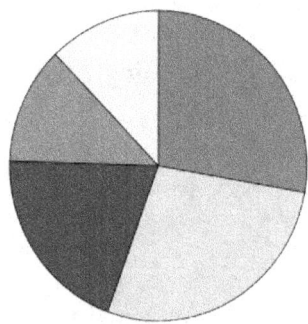

Pinpoint Precisar, determinar.

Pit falls Peligro, caída, desplome.

Pit traders *Traders* que entran y salen mucho en un mercado, con el método de pica y huye.

Pivot Point Un artificio, una relación, un promedio de aspectos del precio en un período de tiempo, matemáticamente es el promedio de la suma del *open, low* y *close* de un período de tiempo.

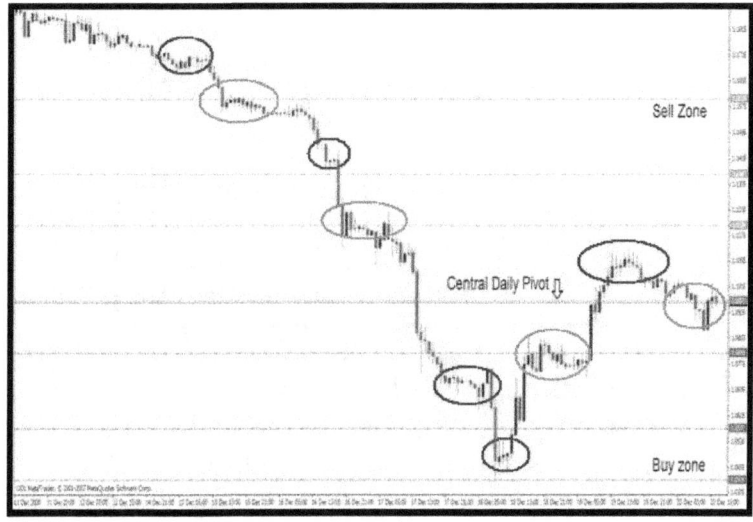

Pivot Point System Sistema basado en el *Pivot Point* o punto de pivote, que es tan usado mundialmente que logra ser eficiente debido al

Self-fullfilling Prophesy. Ver *Sell-fullfilling prophesy.*

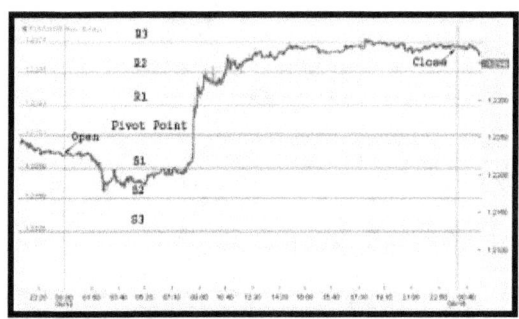

Plot Platear, graficar, trazar.

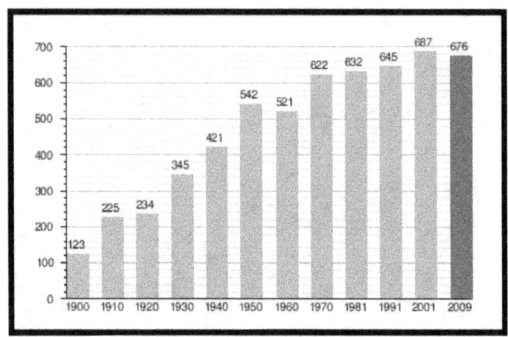

Point and figures Un estilo de gráfica basado en *X* y en *O*, pero que no tiene en cuenta el tiempo. No es importante en el *Forex*.

Position Entrar en el mercado, ya sea *buy* o *sell* y mantener esa posición abierta.

Position traders *Traders* que mantienen sus posiciones mucho tiempo, digamos meses.

Power attorney Poder legal asignado a alguien .

Profit Ganancias, beneficios.

Profit/loss (P/L) Beneficio/pérdidas.

Pull away Se aleja de.......

Pull back Retroceder, cuando el mercado respira, cuando hace una corrección, para luego reincorporarse al flujo del mercado en el mismo sentido que traía antes se hizo un *pullback*.
Pullback
Básicamente es una corrección. Ver *retracement*.

Pull over Se aparta, apartarse.

Profit taking Cuando se cierra una posición para sacar las ganancias.

Quartely Trimestre, trimestralmente.

Quit Parar, cerrar, etc. Se usa cuando se quiere salir de una plataforma,
log - out.

Range Rango, en un período de tiempo representado por una barra *bar* o una vela *candle* hay un punto mas alto *high* y uno mas bajo *low*, la diferencia entre el *high* y el *low* es el rango *range*.

Range market Cuando el mercado se mueve de lado, entre un soporte y una resistencia se dice que se está moviendo en un rango , se le denomina mercado de rango *range market*. También se le llama *bracket market*. Ver *bracket market*.

RAM (Random access memory) Memoria operativa que usan las *PC's*. Si los archivos *files* que contiene el disco duro *hard drive* fuera el mueble archivo *file cabinet* , el *RAM* sería los archivos *files* que pudieran estar encima de nuestro escritorio , marca la capacidad de trabajar al mismo tiempo con diferentes archivos.

Rally Se dice está ocurriendo un rally, cuando el mercado hace un movimiento hacia arriba después de haber retrocedido o respirado o se ha movido de lado. En ocasiones le llaman *rally* al margen de que el mercado sea *bull* o *bear*.

Reaction La reacción *reaction* es lo contrario a *rally*. Ver *rally*.

Rate Razón, tasa, p.e. Tasa de cambio.

Realized Darse cuenta, cerrar una una posición para hacer *profit*, llevar a cabo.

Realized gain/loss Ganancia o pérdida actual, es el resultado de la diferencia entre el *open* y el *close*.

Real body Cuerpo de la vela *candle*.

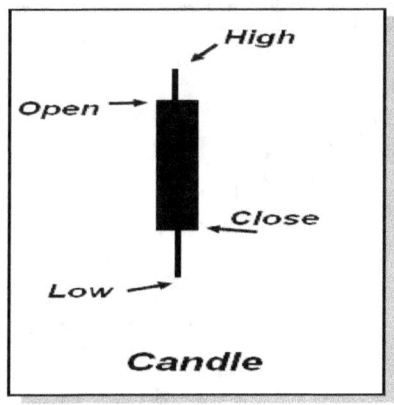

Candle

Real time A tiempo real, en vivo, en ese momento.

Retail sales Ventas al detalle.

Retracements Cuando un mercado que avanza en un sentido retrocede para respirar, se dice hizo un *retracement* o un *pullback*. Ver *pullback*.

Resistance Resistencia, nivel de resistencia, zona de resistencia, se dice de un techo virtual que encuentra el mercado donde al no poder continuar subiendo cambia de dirección.

Muchos indicadores se basan en que el mercado encuentra resistencia en un tope cuando está sobrecomprado _overbought._

Esto provoca un rebote hasta llegar a una zona contraria en el fondo llamada soporte, donde al estar en ese caso sobrevendido _oversold_ provoca nuevamente un rebote para dirigirse a la zona de resistencia y así sucesivamente.

Reversal patterns Patrones de reversa, los patrones que forman un grupo de barras o velas que sugieren una reversa p.e. el _double top_ , el _morning doji star_, etc. Ver _double top_. Ver _morning doji star_.

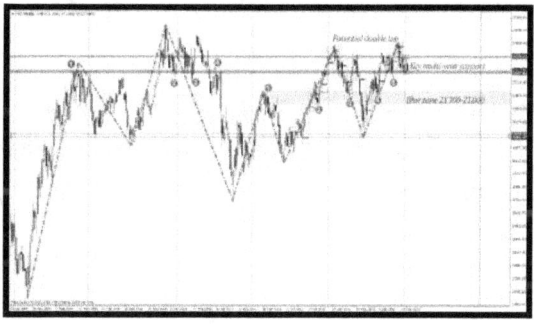

Risk Riesgo, cuando se habla de riesgo en _Forex_ se refieren a la relación entre lo arriesgado contra lo que se aspira a ganar. Se recomienda arriesgar menos de lo que se pretende ganar p. e. _2:1_.

Risk to reward Relación entre el potencial de ganancias versus el potencial de pérdidas. Ver *Risk*.

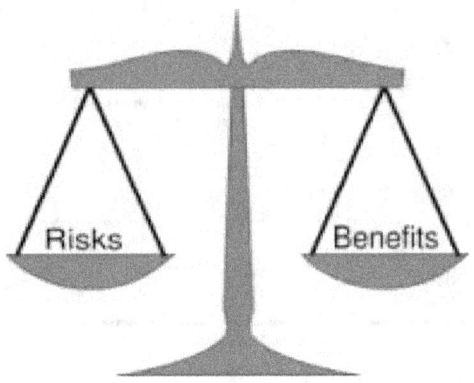

Rollover Cuando una posición abierta se deja hasta el próximo día se ha hecho un *rollover*. Esto trae implícito un costo según el % de interés de cada moneda y será positivo o negativo en función de si ocurrieron ganancias o pérdidas.

RSI (Relative Strenght Index) Se conoce como *RSI*, es un indicador que se usa para determinar cuando el mercado está sobrevendido o

sobrecomprado y para determinar la dirección del mismo.

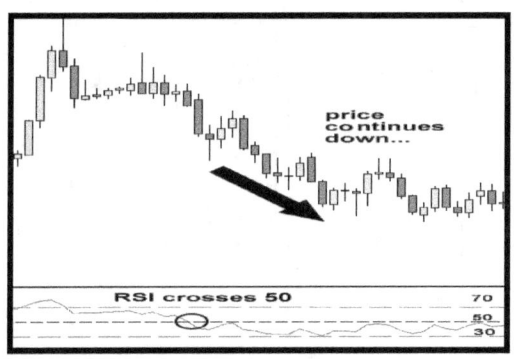

Same day transaction Cuando la transacción se realiza entre las *4:59 PM Est.* del día anterior y las *5:00 PM Est.* del día actual.

Saturday Sábado.

Save En *Forex* se usa para señalar la operación de salvar o guardar un documento o información, generalmente realizado en una *PC*.

Schedule C Parte de la documentación que se llena en las declaraciones de impuestos de las corporaciones *C* en *EE.UU.*

Scale *Escala. p.e. una gráfica hecha a escala 1 día = 1 centímetro.*

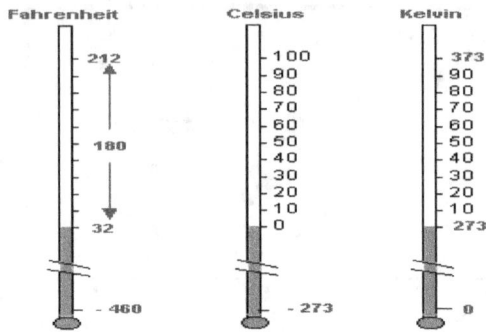

Scale out Cuando se mueve el *trailing stop* o simplemente el *stop loss*, según el mercado avance a tu favor para proteger las ganancias o disminuir la posibilidad de gandes pérdidas.

Scaling out Ver: *Scale out.*

Self employee Empleado por cuenta propia.

Self-fullfilling prophecy Logro de un resultado en base a una retroalimentación de predicciones. Cuando una señal digamos arbitraria se convierte en verdadera por su uso generalizado. Profecía autocumplida.

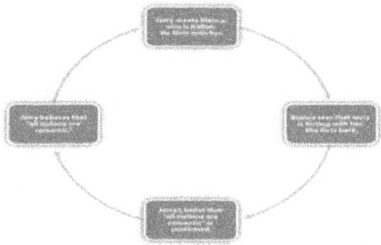

Sell box Reventa de una *Box option* antes de su expiración. Ver *Box option*.

Sell off Liquidar, liquidar una posición.

Sell order Una orden de *sell limit*, al precio pre-establecido.
Sell market Una order de *sell market order* , al precio actual.

Sell market filled Una *sell entry order* al precio actual cuando fue ejecutada.

Sell limit Vender una posición cuando llegue a un límite pre-determinado o superior para entrar en el mercado *short*. Lo contrario es *Buy limit*.

Sell stop   *Vender al precio actual.*

Setting   Ajuste *p.e.* en le plataforma aparece el *moving average,* allí se ajustan los períodos, el tipo de *moving average,* los colores de la o las curvas, el grosor de las líneas, en fin arreglar o ajustar con características particulares.

Set up Arreglar, ordenar, organizar con ciertas características.

Securities Valores, acciones *stocks*, bonos *bonds*, certificados de depósito, etc.   Los pares de monedas son clasificados como *securities* por la *Chicago Mercantil Exchange.*

Sentiment   Sentimiento, opinión, algo en que se cree, tengo la sensación de que...

Scroll   Movimiento en alguna dirección del cursor para mover una página en la pantalla de la *PC.*   Puede ser en cualquier dirección, siendo las mas usadas, *scroll up* hacia arriba, *scroll down* hacia abajo, *scroll right* hacia la derecha, *scroll left* hacia la izquierda.

Shadow   Sombra, así también se le llama al rabo de las velas *candles.*

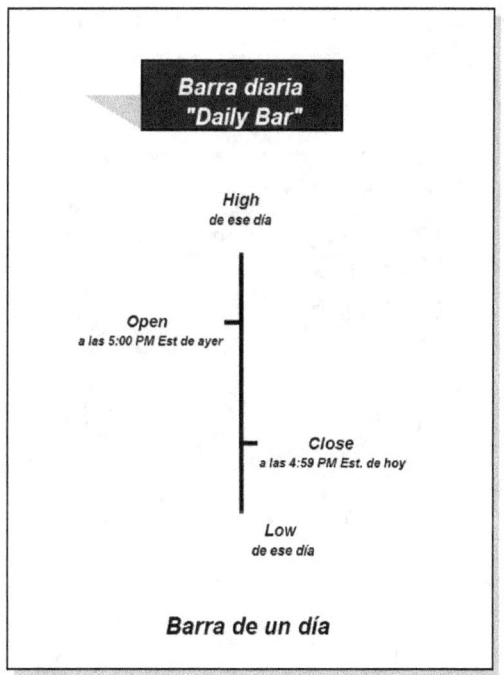

Barra de un día

Shift   Cambio.

Shooting star Patrón de una sola vela *candle* que tiene un cuerpo *body* muy pequeño y un rabo *tail* grande hacia arriba. Si sucede en *uptrend* es señal de reversa.

Short Se dice cuando no apuesta hacia abajo, a que el precio declinará, normalmente se le vincula a la posición de vender *sell*.

Short sale Entrar en una posición vendiendo *sell,* con el propósito de cerrarla *buy* cuando el precio baje, obteniendo ganancias de la diferencia.

Short positions Una posición que apuesta a que el precio disminuirá, irá hacia abajo en la gráfica, usualmente es mas beneficiosa en mercado *bear*.

Signals Señales, instrumentos que te alarman sobre situaciones en el mercado que son de tu interés para la toma de decisiones.

Short term traders   Cuando las posiciones se mantienen por poco tiempo, horas, minutos

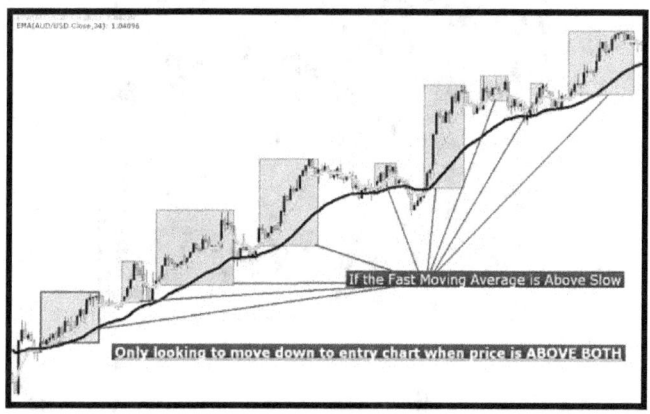

Slow Stockastic   Es un *Stockastic* ajustado a períodos cortos p.e. *8 y 5*, se usa preferentemente para *long term.*

Slip   Resbalón. Ver *Slipage.*

Slipage Se refiere a una especie de resbalónque ocurre cuando el precio se mueve demasiado rápido, quizá por alguna noticia y por ejemplo pasa por el valor del *stop loss* sin activarlo por lo rápido del movimiento, hasta mucho después. A esa diferencia indeseada se le conoce por *slipage.* Hay *brockers* que asumen esas pérdidas totalmente completas o parcialmente, otros ni la tienen en cuenta, por eso es importante conocer la política del *brocker* acerca de este fenómeno.

Smart TV Televisor que se conecta al *Internet.* Televisor inteligente.

Software Se dice de los programas que se instalan en las *PC's* se conoce por aplicaciones.

Sold out Vendido, agotado.

S & P (Standar & Pool) Indice que recopila información de las *500* compañías de los *EE.UU.*, con vistas a facilitar la evaluación y el análisis del mercado.

S & P e-mini (Estándar & Pool mini)
Mini contratos de _S & P_.

Spanglish Una mezcla del español y el inglés. Se produce cuando hablando español no se puede prescindir del uso de algunos vocablos en inglés, _p.e._ _"se colocó el stop loss a 30 Pips por debajo del mínimum low de los últimos 3 días"._

Spinning Rotando, girando, patrón de vela *candle* que implica indecisión.

Spinning top Patrón de vela que presenta un cuerpo pequeño y un rabo en ambas partes. Representa indecisión entre los *traders. Spinning* significa literalmente giro.

Speculator Especulador, el que adquiere algo con el propósito de obtener ganancias al venderlo a un precio superior.

Speaker phone Amplificador que usan los teléfonos para establecer una conversación sin el uso de las manos.

Spike Pico, subida de precio pronunciada.

Spot market En *Forex* es cuando la operación es ejecutada al momento, lo que se conoce como *over-the-counter*, o sea con disponibilidad instantánea.

Spot price El precio con que se ejecuta una transición en el *Forex,* en el *spot market.* Ver *spot market.*

Spread La diferencia entre el precio de venta y el de compra en un producto del mercado. Generalmente representa las ganancias del *brocker* en el *Forex.*

Square Cuadrado, cuando el precio y el tiempo coinciden en escala, cuando estan balanceados, cuando están cuadrados. Significa un balance en el número de puntos o unidades de precio con igual número de puntos o unidades de tiempo.

Square the range Balancear o cuadrar el precio con el tiempo en función del *range.*

Square the High Balancear o cuadrar el precio con el tiempo en función del *high.*

Square the Low Balancear o cuadrar el precio con el tiempo en función del *low.*

Standard deviation Desviación Estándar, es una medida de estadística del grado en que un valor fuera de serie tiene influencia en un grupo de valores similares.

$$\sigma = \sqrt{\dfrac{\sum_{i=1}^{n}(x_i - \overline{x})^2}{n-1}}$$

Sterling Nombre coloquial de la Libra Esterlina *sterling pound (GBP).*

Stop buy Comprar al precio actual.

Stop loss Señal u orden de cerrar una posición si el mercado se vira en nuestra contra. Si es muy conservadora, pequeña, provoca salidas del mercado prematuras y si es demasiado amplio pudiera ocasionar eventualmente pérdidas considerables si el mercado se vira en tu contra.

Stop loss order Ver. *stop loss.*

Stop limit order Orden de ejecutar una entrada o salida del mercado a un determinado precio o uno mejor.

Stop & reverse Acción de cerrar una posición y abrir una nueva en sentido contrario. Un ejemplo sería si he comprado *buy* y el mercado se vira, pues cierro *sell* y entro de nuevo hacia abajo vendiendo nuevamente *sell* , casi al unísono.

Stop sell Ver *sell stop.*

Stop profit Cerrar una posición para sacar ganancias o *profit.*

Stock Acción, acción de una entidad en el mercado de valores.

Stockastic Indicador que define en porcientos las áreas de sobrecomprado y sobrevendido. Fue diseñado por *George C. Lane.* Compara el precio de un período específico con el rango de períodos pasados.

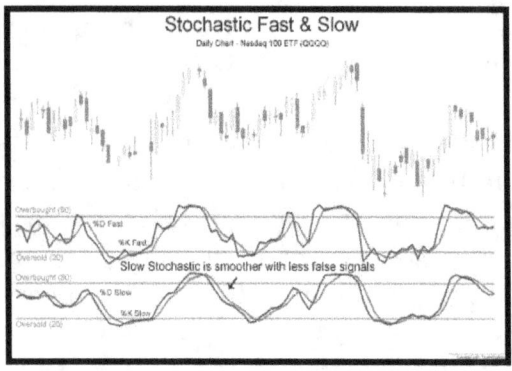

Stock exchange La Bolsa, lugar donde se comercian las acciones. *Wall Street.*

Stone Se usa para describir la frase *"Escribir en piedra"* que significa algo inamovible, indeleble, una verdad absoluta.

Striving Rotando, girando.

Struggle Forcejeo, lucha.

Sunday Domingo.

Supply & Demand   Suministro y demanda.

Support   Soporte, nivel de soporte, se dice de un fondo o piso virtual que encuentra el mercado, donde al no poder continuar bajando, cambia de dirección.

Swissy (USD/CHF)   Par conformado por el dólar americano y el franco suizo.

Swing   Cambio, viraje, rebote.

Swing bottom   Algunos autores se refieren al punto mas bajo de una corrida como *Swing Bottom*, otros lo llaman *Fractal*, es donde el precio alcanza un valor mínimo y rebota cambiando de dirección el mercado.

Swing chart   Ver *trend indicators*.

Swing top Algunos autores se refieren al punto mas alto de una corrida como *swing top,* otros lo llaman *fractal,* es donde el precio alcanza un valor máximo y rebota cambiando de dirección el mercado.

Tail Rabo, nombre con que se define a la línea de ciertas velas o *candles*, entre el cuerpo y los extremos. Algunos autores le llaman *shadow*.

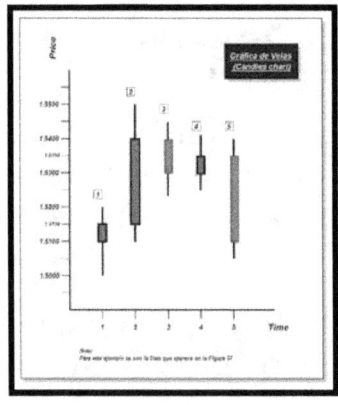

Target Diana, meta propuesta para la obtención de *profit*.

Take profit Cuando se activa una orden para una posición para obtención de *profit*.

Tax *Impuesto.*

Taxable *Relativo a impuesto. Ver Tax.*

Tax bracket Porcentage aplicado a cada individuo en específico para calcular la cantidad que deberá pagar de impuestos según sus entradas y sus características personales. A mayor entrada mayor *bracket* por el que serán calculado los impuestos.

Technical análisis Análisis técnico de la acción del precio en el mercado. Estudia acciones pasadas e intenta predecir comportamientos futuros.

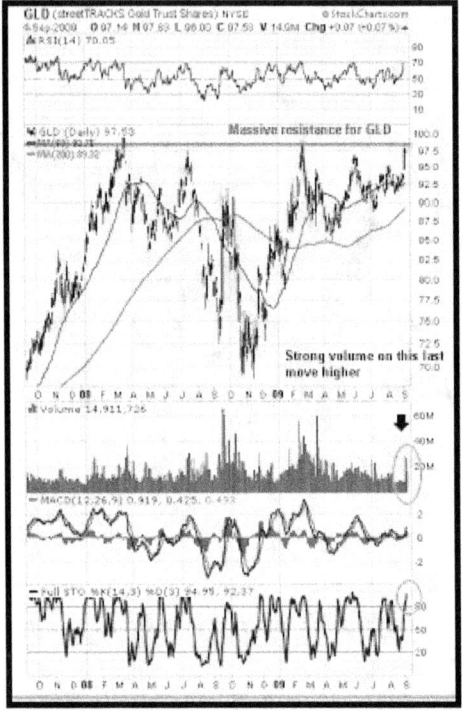

Test Probar, en *Forex* se usa como alcanzar algo , aproximarse a algo , hacer intentos de aproximarse a algo o a algún nivel p.e. un precio que llega a un nivel , y rebota , vuelve allegar al mismo nivel o muy cerca , rebota nuevamente , vuelve a alcanzar esa zona anterior y una vez mas rebota , , , se dice que el precio *esta probando ese nivel* , en ingles ,
está *testing the price* , a veces se escucha aunque mal dicho *está testeando ese nivel.*

Text messages   Textos generalmente escritos y enviados a través de la *red* telefónica móvil. Mensajes de texto.

Thumb rule   Se refiere a cuando los niños se amarraban un hilo al dedo pulgar para recordar algo específico. Lo he visto en muchos
libros refiriéndose a alguna regla que por su importancia se debe recordar.

Then and If orders Dos órdenes simultaneas que se ponen en las plataformas en diferentes direcciones para que una vez que se active la primera se desactive la segunda.

Thursday Jueves.

Token Ficha semejante a una moneda que se usa como valores en sitios y establecimientos particulares. Se usa también como *"de la misma manera"*.

Tick Medida mínima del cambio de precio. En *Forex* se conoce como *Pip*.

Tigh spread Costo de operación mas bajo posible.

Tips En el *Forex* y en general en los libros, artículos o publicaciones significa consejo o recomendación.

Timming Lograr escoger el mejor momento para tomar una decisión.

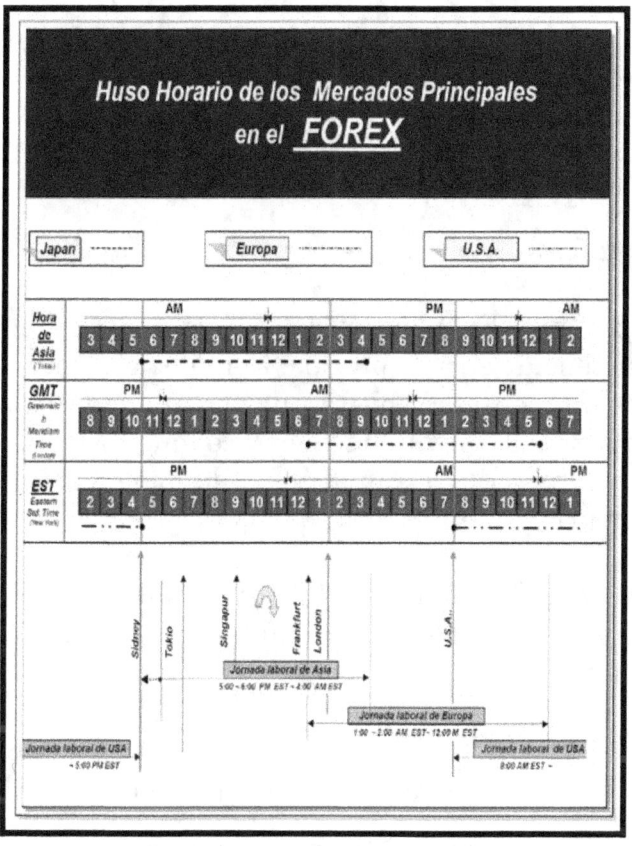

Time-frame Intervalo de tiempo que se selecciona para hacer *trading,* mensual, semanal, diario, son algunos de los que se pueden seleccionar, así como *30* minutos, *5* minutos, etc. p.e. en un *time-frame* diario habrá *24* barras *bars* horarias y así sucesivamente.

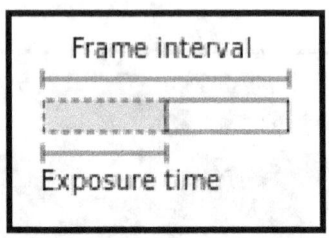

Timeframe Ver *time-frame.*

Top Tope. En general se refiere a un nivel de resistencia en el precio. Cuando un mercado aumenta su precio hasta una zona donde rebota y comienza a devaluarse se dice que llegó a un techo virtual a una zona de resistencia. Lo contrario es *bottom.*

Trade Comercio de bienes y servicios entre entidades, compañías, países o simplemente particulares.

Trader Individuo que hace *trade.* Compra o vende *securities, stocks, bonds,* pares de monedas.

Trader room Espacio de oficina dedicado a hacer *trading*.

Trader station Ver *trader room*. Se refiere a la parte dedicada a los equipamentos, computadoras, monitores, etc.

Trading Acción de comerciar o de hacer *trade* con *securities* o pares de monedas.

Trailing stop Es un *stop loss* o sea una orden de cerrar una posición para evitar grandes pérdidas al tiempo que se trata de garantizar la mayor parte de las ganancias ya obtenidas. En la medida en que el mercado avanza a nuestro favor la ganancia aumenta, pero un viraje exagerado podría arruinar nuestro plan. Para minimizar las pérdidas se coloca un *stop loss* dinámico que se mueve según el precio sube, de manera que siempre persigue el punto mas alto del precio y su valor se mantiene fijo según una cantidad pre-fijada.

Si el precio aumenta y ya se han logrado ganancias al rebotar, al regresar, a partir del punto mayor se cuenta regresivamente la cantidad anteriormente fijada y al activarse el *stop loss* se salva parte de nuestras ganancias. Este tipo de *stop* se llama *trailing stop*. Ver. *stop loss*.

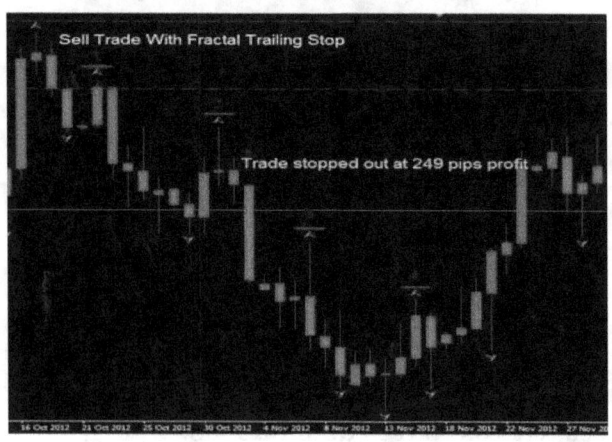

Trend Tendencia. Dirección general del mercado.

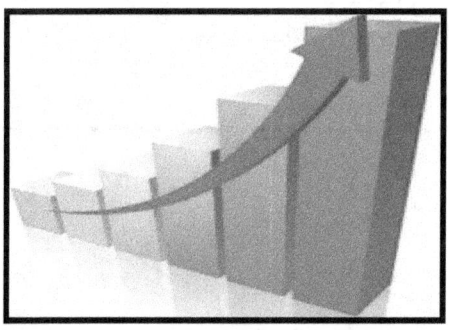

Trend following Seguidores de tendencias. Existen *traders* que solo participan cuando hay tendencias, no participan si el mercado se está moviendo de lado, *range market* o *bracket market*.

Trend indicator Se conoce como *Swing Chart*. Es un indicador usado por el tecnicista *Gann* que sigue los cambios principales de dirección o *swings* en las gráficas, para señalar la dirección del mercado según el período de tiempo o *timeframe* analizado. Se analizan el corto, mediano y largo plazo, *minor trend, intermediate trend* y *main trend*.

Trillon En países anglos es el equivalente a mil billones *1,000,000,000,000* y en los países de habla hispana es un millón de billones *1,000,000,000,000,000,000 Ver. Billon*

Triangle   Triángulo. Es uno de los patrones de precios mas conocidos.

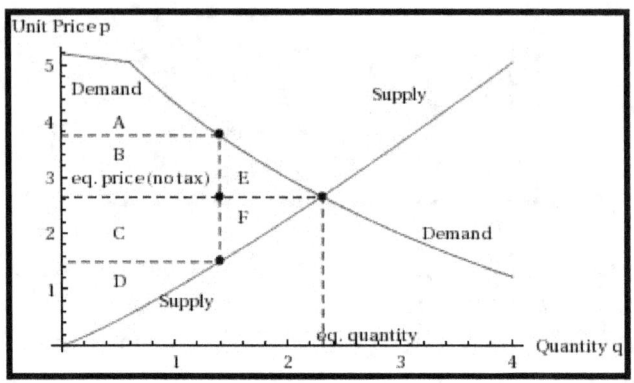

Triple top   Ver *Double top* y considerar un tope extra.

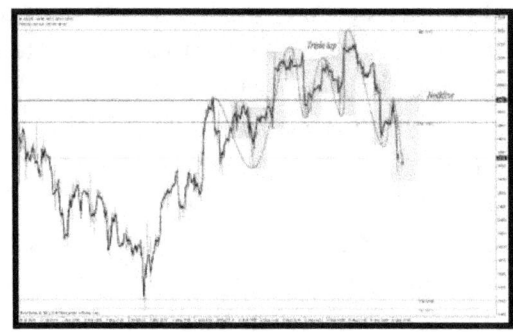

Tuesday Martes.

U

Unlikely Poco probable.

Upper bound Ver *Bound upper.*

Uptrend   Tendencia alcista, donde los precios suben.

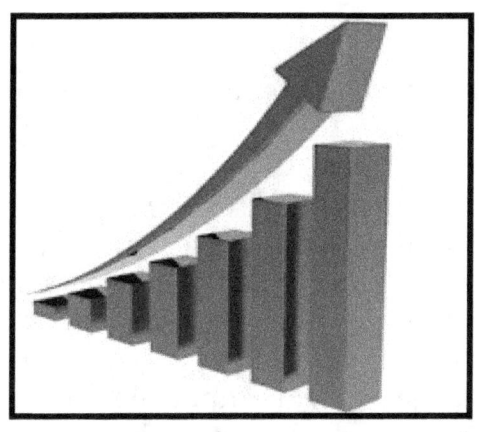

Used margin   Margen usado, se refiere a la cantidad de capital que se ha requerido para sostener las posiciones abiertas, del total del margen solicitado por el *brocker.* Si este margen disponible fuera insuficiente o se terminara el *brocker* cancelaría las posiciones que fueran necesarias sin previo aviso ya que en *Forex* no se aplican las llamadas previas *margin call* , por el carácter global e inmediato de las operaciones. Ver *margin.* Ver *margin call.*

User friendly Cuando el programa, plataforma, herramienta , sistema, etc. es de fácil manejo.

Venture Aventura, empresa, arriesgarse para lograr algo, etc.

Volatility Volatilidad, es la razón relativa a la cual el precio de una divisa *currency*, se mueve hacia arriba y hacia abajo de manera rápida en períodos de tiempos pequeños. Es la medida de cambio en ese período. Si el precio se mueve arriba y abajo de forma rápida en corto tiempo se dice que el mercado tiene una alta volatilidad.

Volumen Volúmen es una medida de los contratos que se comercian en un período dado. Es un indicador que muestra la fortaleza de los movimientos hacia arriba y hacia abajo. Es un buen elemento de confirmación.

Voluntary Benefit Association (VEBA) Asociación que permite asignar beneficios viables a trabajadores en una corporación del tipo *L.L.C.* Ver *L.L.C. Corp.*

Wall Street El distrito financiero de los *Estados Unidos* con sede en el bajo *Manhattan* en *New York*, donde radica la Bolsa de valores.

Wall Street Journal Periódico diario que edita *Wall Street*.

Wave Ola, se refiere a cuando el mercado se mueve en sentido de la tendencia predominante. Cuando el mercado respira *retracement* se le llama de otra manera. El mercado en general se compone de olas, consolidación y retrocesos.

Web site   Sitio en el Internet. La palabra *Web* que significa tela de araña, describe la red de comunicaciones del *Internet*.

Wednesday   Miércoles.

Weekly   Semanal.

Whiplashed   Bandazo, latigazo, cuando un mercado es muy volátil y sube y baja bruscamente. Esto sucede principalmente con la liberación de una noticia importante.

Whipsaw   Ver *whiplashed*.

Wick   Mecha, rabo, línea de arriba y abajo del cuerpo *body* de la *candle*.

Wi-Fi También conocido como *Wifi* es una tecnología usada para conectarse a la Internet incluso a alta velocidad sin usar ninguna conexión física, sin cables.

Es el equivalente a *WLAN (Wireless local area network)*.

Window   En *Forex* para los japoneses significa espacio, *gap*. Ver *Gap*.

Wire Fee El cargo que la plataforma cobra por transferir dinero desde tu cuenta hasta tu cuenta bancaria, usando el sistema de transferencia electrónica.

WLAN   *(Wireless local area network)*
Ver *Wi-Fi*.

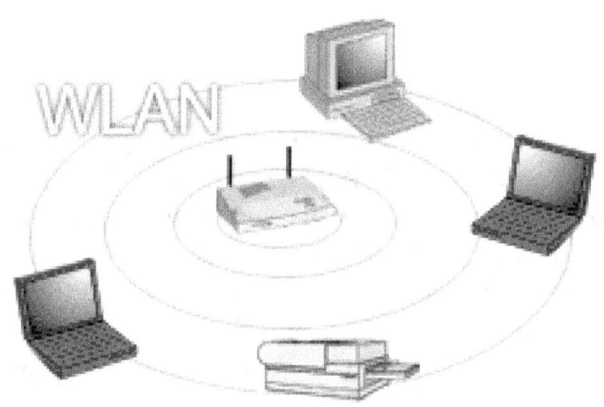

Work station Sitio que se escoge para desarrollar la actividad de hacer *Forex*.

Deberá reunir ciertas condiciones como tranquilidad y comodidad y estará equipado con el mínimo necesario para que todo el tiempo se pueda dedicar al análisis y toma de decisiones.

Yawn Bostezar. Término usado por algunos autores como *Bill Williams* para describir el comportamiento de un grupo de *moving averages* , que han permanecido enredados sin definir ninguna dirección del mercado y todo parece indicar que comienza a existir una definición, lo cual se nota al ver alejarse , separarse paulatinamente las diferentes curvas.

Yen Moneda oficial del *Japón*, su representación es ¥ y su sigla *JPY*.

Yield Producción, cosecha, retorno de una inversión.

El autor

Carlos Berenguer Torralbas, nació en Santiago de Cuba en el 1945.

Comenzó sus primeros estudios en la escuela Jesuita Colegio de Dolores y en el Instituto de Segunda Enseñanza, posteriormente se graduó de Ingeniero Mecánico en la Universidad de Oriente en Santiago de Cuba donde fue profesor e investigador.

Realizó diversos estudios de postgrado en la Universidad de La Habana. Después de terminar Real Estate y el curso especial de ventas de la I.T.T. realizó estudios superiores de Bussiness Administration in Health Care, CORF Administration, PHP specialist and Consulting in Health Care en la Universidad de Miami.

Pasó cursos de Forex, Entrepreneur, Sistemas y se especializó en Excel aplicado a las finanzas.

Durante su trayectoria profesional representó a Cuba en mas de 30 paises en diversos tópicos como planificación, pronósticos y desarrollo, impartió conferencias en el I.I.F. Institute International du Froid en Francia. Fué miembro de la Comision que llevo a cabo la Intergubernamental Francia-Cuba en 1978.

Participó en las reuniones del CAME (COMECON) como miembro permanente en Moscú.

Colaboró en Oslo con la NORAD Agencia Noruega de Ayuda a Paises en Desarrollo.

Participó en instituciones de las Naciones Unidas como la UNDTAC y la FAO, an La Habana y en Casablanca, Marruecos.

Ing. Carlos Berenguer Torralbas
carlosberenguer@aol.com
www.carlosberenguer.com

Libros publicados por el autor....

Tratado de Forex en Spanglish, narrado en español, pero respetando los principales vocablos internacionales en inglés. 500 páginas llenas de gráficas, tablas, esquemas, etc. que hacen más fácil y ameno, el aprendizaje de esta especialidad..

$\Longrightarrow$ *Amazon.com*

Se analiza de forma amena la manera de hacer dinero con el Forex.

Amazon.com

Relatos de sucesos increíbles ocurridos al autor durante los sucesos de la Embajada del Perú en la Habana en el 1980.

$\Longrightarrow$ *Amazon.com*

Relatos de sucesos increíbles ocurridos al autor
durante los sucesos de la Embajada del Perú en la
Habana en el 1980 (Version in English)

Amazon.com

*Diccionario especializado en Forex. Inglés-
Español*

$\Longrightarrow$ *Amazon.com*

Diccionario Ilustrado especializado en Forex.

Amazon.com

Diccionario especializado en
Bitcoin & Criptomonedas.

Amazon.com

Diccionario Ilustrado especializado en

Amazon.com

Análisis técnico de los Mercados. Criptomonedas.

⟹ *Amazon.com*

Análisis técnico de los Mercados. Forex.

Amazon.com

Análisis técnico de los Mercados. Opciones.

Advertencia

(Disclaimer)

El Forex como todos los instrumentos financieros están llamados a ser erráticos e impredecibles. Por esa razón conviene estar consciente que cualquier operación que ofrezca alguna posibilidad de ganancias , lleva implícita alguna posibilidad de pérdidas. No se recomienda hacer Forex sin una preparación adecuada y con recursos y capital que no implique grandes consecuencias o afectaciones su pérdida o disminución. El uso del apalancamiento al mismo tiempo que magnifica las posibles ganancias, pudiera exagerar las pérdidas implicadas en estas operaciones especulativas. Si no entiende algunos de los enunciados expresados en esta advertencia , le rogamos busque la asesoría adecuada. Cualquier consejo, enseñanza, sugerencia,que se haya dado en este libro ha sido solo con fines didácticos y educativos y absolutamente todas han sido eminentemente teóricas y ficticias , en ningún modo deben usarse para alguna operación de comercio que implique riesgo de capital u otro instrumento financiero, el autor, el editor, el impresor, el distribuidor y cualquiera que haya tenido que ver en este trabajo no es responsable por el uso o mal uso que se pudiera dar a la información suministrada.

C.B.

Notes

Notes

Notes

Notes

Notes

<u>*Nota del autor:*</u>

Tan importante como el Diccionario en sí, son las notas y las palabras que a usted le resultan aclaratorias y no están incluidas en este libro. Le agradecemos nos envíe sus experiencias y nos permita ampliar este glosario para el bien de los próximos emprendedores de habla hispana que adquieran este trabajoen el futuro, con vistas a incursionar en el mundo del Forex.